PETITES SŒURS DES PAUVRES

Noces d'Or

DE

L'ASILE DE VIEILLARDS PARIS-SAINT-LAURENT

Récit de la Fête, Discours, Cantate,
Compte rendu, Etat présent, Historique des premières années.

Allocution de Son Éminence le Cardinal Amette.

1864-1914

Au profit de l'Œuvre

Asile de Vieillards	A. Bazière, *Aumônier*
13, rue Philippe-de-Girard, 13	17, rue Philippe-de-Girard, 17

PARIS

1914

PETITES SŒURS DES PAUVRES

Noces d'Or

DE

L'ASILE DE VIEILLARDS PARIS-SAINT-LAURENT

Récit de la Fête, Discours, Cantate,

Compte rendu, Etat présent, Historique des premières années.

Allocution de Son Éminence le Cardinal Amette.

Au profit de l'Œuvre

ASILE DE VIEILLARDS
13, rue Philippe-de-Girard, 13

A. BAZIÈRE, *Aumônier*
17, rue Philippe-de-Girard, 17

PARIS

1914

A

SON ÉMINENCE LE CARDINAL AMETTE

ARCHEVÊQUE DE PARIS

A LA

CONGRÉGATION DES PETITES SŒURS DES PAUVRES

TRÈS HUMBLE HOMMAGE

AFFECTUEUX

RECONNAISSANT

A. BAZIÈRE,

Aumônier.

Paris-Saint-Laurent, 19 Mars 1914.

OBJET DE LA FÊTE

Le 19 mars, en ce jour où l'univers chrétien rappelle le souvenir du glorieux saint Joseph, Gardien de la Sainte Famille et Père nourricier de Jésus, c'est toujours grande fête dans les Asiles tenus par les Petites Sœurs des Pauvres. Saint Joseph est aussi le Père nourricier, le grand Pourvoyeur de ces maisons charitables ; c'est ce qui explique le caractère tout familial qu'y revêt cette fête. Les Amis des pauvres et les pauvres eux-mêmes se sentent indissolublement unis par les liens d'une même charité. Ils s'aiment et s'estiment véritablement comme les membres d'une même famille, comme les enfants d'un même Père et les frères de Notre-Seigneur Jésus-Christ. Il serait bien difficile de dire lesquels, alors, sont les plus heureux, de ceux qui s'empressent à venir servir leurs frères moins favorisés ici-bas, ou de ceux qui sont servis avec tant de délicatesse par des personnages souvent illustres par leur nom, leur piété, leur science et la haute situation qu'ils occupent dans la société.

Cette fête de la charité se renouvelle tous les ans dans ces maisons. Mais, cette année, elle a été célébrée avec un éclat tout particulier dans l'Asile des Petites Sœurs des Pauvres de la rue Philippe-de-Girard, sur la Paroisse Saint-Laurent. C'étaient les *Noces d'Or* de la fondation de cette Maison.

La première pierre, en effet, avait été solennellement bénite le 6 avril 1864 par M. le Curé de Saint-Laurent, et le 8 septembre de cette même année 1864, Mgr Darboy, Archevêque de Paris, avait bénit plus solennellement encore la Chapelle et toute la maison. Depuis lors, cette maison avait été, durant ces cinquante années, l'objet de tant de bienfaits de la part des hommes et de tant de faveurs divines qu'il convenait de célébrer cet anniversaire et de faire monter vers le Ciel, de dignes, de justes et de solennelles actions de grâces.

LA PRÉPARATION

Tous, Supérieures, Aumônier, Petites Sœurs et vieillards ont rivalisé de zèle et de bonne volonté dans la préparation de cette fête, afin de mieux remercier Dieu et de témoigner à tous les bienfaiteurs leur profonde reconnaissance. Ils ont eu, disons-le dès maintenant, la douce récompense de s'entendre exprimer l'entière satisfaction de tous.

A cette solennité avait été convié le Père bien-aimé, le bon Père de famille qui préside avec tant de douceur et de force, avec tant de zèle et d'amour, aux destinées du grand diocèse de Paris. Son Éminence le Cardinal Amette, avec une extrême bienveillance, avait daigné accepter cette invitation, promettant sa présence non plus seulement pour quelques heures de l'après-midi, mais pour la journée entière. Le pieux Pontife voulait ainsi s'unir davantage à nos actions de grâces en assistant à la messe solennelle qu'avait promis de célébrer à cette intention, Mgr Odelin, vicaire général de Paris et Supérieur des Maisons de Petites Sœurs des Pauvres dans le diocèse.

Offertes à Dieu par ces pieux et si distingués prélats, nos prières reconnaissantes monteraient vers Dieu comme un encens de plus agréable odeur.

MM. les Curés des paroisses de Paris sur lesquelles les Petites Sœurs de la maison quêtent habituellement, et desquelles l'asile reçoit les vieillards de préférence à tous autres, avaient été également conviés : Saint-Laurent, Saint-Vincent-de-Paul, Saint-Martin, Saint-Eugène, Notre-Dame-de-Lorette, Saint-Louis d'Antin et Saint-Augustin. Quelques-uns, retenus par les occupations absorbantes de ces grandes paroisses ou par des cérémonies particulières qui réclamaient leur présence, s'étaient excusés, exprimant leurs regrets.

Parmi ceux qui ont honoré notre fête de leur présence, nous avons eu la joie de compter :

M. l'abbé Cazals, chanoine honoraire, curé de Saint-Laurent; M. l'abbé Quignard, chanoine honoraire, curé de Saint-Louis d'Antin, chevalier de la Légion d'honneur ; M. l'abbé Imbert, curé de Notre-Dame-de-Lorette ; M. l'abbé Léonetti, curé de Saint-Martin ; le R. P. Durouchoux, Supérieur des RR. PP. Jésuites de la rue Lafayette ; M. l'abbé Gauthier, directeur de l'école Saint-Léon, rue de Rocroi ; MM. les abbés Pignard-Péguet et Brochard, vicaires de Saint-Laurent, qui remplirent les fonctions de diacre et de sous-diacre aux cérémonies de la messe solennelle et au Salut du Très Saint Sacrement ; M. l'abbé Desrues, vicaire de Saint-Laurent, excellent maître de cérémonies, qui dirigea fort bien tout son petit monde de porte-insignes et enfants de chœur, mis très aimablement par M. le Curé à notre disposition pour les diverses cérémonies ; M. l'abbé Bellé, prédicateur à Paris ; M. l'abbé Marie, curé (diocèse de Bayeux) ; M. l'abbé Degalle, aumônier de l'asile Lebaudy ; M. l'abbé Gontharet, premier aumônier de l'hôpital Lariboisière ; M. l'abbé Domergue, aumônier de la prison Saint-Lazare : tous amis dévoués de la maison.

Les Petites Sœurs avaient dressé avec le plus grand soin la liste de leurs nombreux bienfaiteurs, afin de faire parvenir à chacun une invitation particulière. Des oublis et des erreurs d'adresse ont pu s'y glisser. Elles prient les amis de la maison qui n'auraient pas reçu cette invitation de bien vouloir excuser un manquement tout involontaire.

LA FÊTE RELIGIEUSE

Quelques instants avant 10 heures, le cortège, prêtres et enfants de chœur, sort de la chapelle pour aller chercher et recevoir Son Éminence. A l'heure fixée, la cloche sonne à toute volée et annonce l'arrivée de Son Éminence le Cardinal Amette, archevêque de Paris, accompagné de Mgr Odelin, vicaire général.

Les Petites Sœurs de la maison, agenouillées sur le passage de Son Éminence, reçoivent sa première bénédiction. Son Éminence est reçue au parloir par le clergé et l'aumônier de la maison. Le cortège s'organise aussitôt et le Cardinal, revêtu de la *cappa magna*, s'avance, précédé du clergé, vers la chapelle, au chant joyeux de bienvenue du cantique *Benedictus*.

A l'entrée de la chapelle le cortège s'arrête quelques instants. Son Éminence, à genoux, baise la relique de la vraie Croix qui lui est présentée par l'aumônier en chape et accompagné du diacre et du sous-diacre.

Le Cardinal asperge les assistants, bénit et reçoit l'encens, puis s'avance vers l'autel bénissant bienfaiteurs et vieillards qui remplissent la nef.

La pourpre romaine, les insignes épiscopaux portés par Son Éminence avec tant de dignité ne laissent pas que d'impressionner vivement déjà nos vieillards qui ont si rarement l'occasion de contempler pareil spectacle.

Pendant cette marche à l'autel, de la tribune, notre chœur de Petites Sœurs et de vieillards faisait entendre l'*Ecce Sacerdos magnus*, puis le chant pieux et touchant pour le Chef du diocèse.

Ces chants et tous ceux de la messe, malgré l'absence de tout instrument de musique pour les accompagner, causent à tous les assistants une agréable surprise. Les voix plus fraîches des Petites Sœurs, plus sourdes de nos vieillards, s'unissaient harmonieusement. Son Éminence, prenant en considération une mesure générale de la Congrégation des Petites Sœurs adoptant la nouvelle prononciation du latin et le chant grégorien, avait bien voulu autoriser nos maisons de Paris à adopter dès maintenant ces méthodes nouvelles.

Malgré cette double difficulté de prononciation et de chant, Petites Sœurs et vieillards, après s'y être laborieusement préparés avec toute l'attention et toute la bonne volonté désirables, ont eu la satisfaction de réussir au delà de ce que nous pouvions espérer. Ce succès final est dû, pour une grande part, il est juste de le dire, à l'amabilité et au zèle d'un prêtre de nos amis, fervent de la musique sacrée, venu de loin, pour mettre la dernière main à cette préparation et contribuer, par son habile direction, à la parfaite exécution du chant.

LA MESSE SOLENNELLE

Son Éminence, restée d'abord quelques instants à genoux devant le Très Saint Sacrement, pendant que l'aumônier, debout sur les marches de l'autel, chantait les versets et l'oraison de la visite pastorale, est maintenant montée au trône. De chaque côté l'assistent les deux vénérables chanoines, curés de Saint-Louis d'Antin et de Saint-Laurent.

Mgr Odelin, accompagné du diacre et du sous-diacre, arrive au pied de l'autel : la messe va commencer. Il serait trop long d'en décrire toutes les cérémonies. Disons seulement qu'à la beauté des chants vint s'ajouter la beauté plus grande, plus impressionnante des cérémonies liturgiques toujours si imposantes surtout quand un prince de l'Église lui-même daigne y prendre part. Nos bons vieillards garderont longtemps le souvenir de cette belle solennité.

Et, à la vérité, notre petite chapelle offrit à différentes reprises et particulièrement pendant le moment le plus solennel de la messe, à l'Élévation de la divine Victime, un coup d'œil magnifique et très impressionnant. L'autel surélevé, superbement décoré, étincelait de lumières. Du haut des colonnes de la chapelle descendaient de magnifiques oriflammes écarlates, reliées entre elles à la hauteur des tribunes par de belles et fraîches guirlandes, au doux coloris et disposées en festons de bon goût. Dans la nef et les tribunes, les bienfaiteurs et les vieillards recueillis prient avec ferveur; de chaque côté du sanctuaire les prêtres à genoux, en prières.

Au milieu du sanctuaire, avec ses assistants de chaque côté, Son Éminence, descendue du trône, est maintenant à genoux dans l'attitude de l'adoration : l'ampleur de sa *cappa* s'étale et couvre de sa pourpre jusqu'aux dernières marches du sanctuaire où sont rangés les enfants de chœur, ces cinq petits cardinaux qui forment l'escorte ordinaire du vrai prince de l'Église. A l'autel qui resplendit, Mgr Odelin et ses assistants, revêtus de superbes ornements donnés pour la circonstance, ont tout préparé et disposé pour la venue du Maître. Le moment d'attente est solennel : il ne dure pas. La parole sacrée est prononcée. La divine hostie s'élève. Le Maître est là. Il sourit à tous ces cœurs qui l'aiment, à tous ses amis qui l'adorent prosternés et en silence.

En vérité, quel spectacle plus beau, plus grandiose pour un chrétien ! et quelle plus magnifique action de grâces pouvions-nous offrir à Jésus, au Sauveur du monde, au bienfaiteur suprême de l'humanité souffrante !

L'action de grâces est à son terme. L'auguste pontife, du haut de son trône et revêtu de tous les insignes de son autorité, y met le dernier sceau par une solennelle bénédiction.

Le cortège d'enfants et de prêtres se forme de nouveau pour conduire Son Éminence vers la communauté. Le pontife descend les marches du sanctuaire, avec cette dignité, cette majesté, pourrions-nous dire, qui impose le respect, mais aussi avec cette bonté souriante qui fait rêver au si doux et si bon Prophète de la Palestine, lequel, comme autrefois, attire aujourd'hui tous les cœurs en la personne de son aimable et si digne représentant. Il traverse, en les bénissant, les bienfaiteurs et vieillards qui se pressent sur son passage, tandis que de la tribune le *Magnificat,* le glorieux cantique de la Mère de Dieu, retentit en accents de triomphe.

LA FÊTE DE FAMILLE

Le cortège sorti de la chapelle, parcourt les couloirs et s'arrête à la porte de la Communauté.

Le Cardinal est reçu par la bonne Mère Provinciale et par la bonne Mère de la Maison, et s'avance au milieu des Petites Sœurs rangées de chaque côté. Il est conduit vers la grande salle de travail et de récréation. Là, avec ses deux assistants auxquels va bientôt venir se joindre Mgr Odelin, supérieur, Son Éminence s'entretient familièrement avec les Petites Sœurs, s'informant avec une bonté toute paternelle de chacune d'elles et leur distribue de ces douces et bonnes paroles d'encouragement et de consolation qui raniment les âmes et leur donnent une force, une vigueur nouvelle pour persévérer et s'élever de plus en plus dans l'esprit de leur sublime vocation.

L'entretien est terminé : Son Éminence dépose cette fois tous les insignes de ses hautes fonctions.

L'heure avance : le jeûne, les cérémonies du matin ont fait leur œuvre : le corps réclame. Après les douces satisfactions de l'âme, le corps a besoin de se refaire, surtout en prévision des fatigues d'un long service de 300 vieillards que bientôt il va falloir affronter. C'est l'heure du déjeuner du clergé : les Petites Sœurs, s'effaçant aimablement, nous ont cédé leur réfectoire, mais orné, embelli pour la circonstance.

Le Cardinal y pénètre avec les prêtres qui ont pris part aux cérémonies du matin, avec MM. Labbé et Joriaux, fils des Fondateurs de l'Asile, ainsi que M. le Docteur et M. l'Architecte de la maison. L'aspect de la salle est vraiment souriant et engageant. La charité sait si bien revêtir toutes les formes de l'amabilité et du bon ton. Les Petites Sœurs ont su traiter leurs hôtes avec honneur, quoique sans recherche inutile ou exagérée, comme il convenait. La plus franche cordialité dont

Son Éminence donnait le premier l'exemple, ne cessa de régner pendant ces courts instants, un peu trop mesurés. Vers la fin du repas, l'Aumônier de la Maison se lève et adresse à Son Éminence et aux convives ces quelques paroles :

Éminence,

La Bonne Mère Provinciale et la Bonne Mère de la Maison m'ont confié la douce mission de déposer à vos pieds l'humble hommage de leur très profonde et filiale reconnaissance pour l'insigne honneur que vous daignez leur faire en ce jour. Elles voudraient aussi s'excuser de n'avoir pu recevoir, comme elles l'auraient désiré et comme ils le méritent, les hôtes illustres qui ont bien voulu accepter l'hospitalité si modeste des Petites Sœurs des Pauvres.

Nous avons été profondément touchés, Éminence, de la haute mais si paternelle bienveillance, avec laquelle vous avez accepté de présider cette petite réunion à laquelle votre présence donne tout son prix et tout son charme.

Monseigneur et très vénéré Supérieur,

La Bonne Mère Provinciale saisit avec empressement cette occasion de vous exprimer sa très profonde gratitude pour les soins et la paternelle sollicitude dont vous ne cessez d'entourer ses maisons de Paris. Tous, Bonnes Mères, Petites Sœurs et Aumôniers, toujours assurés d'un bienveillant accueil, sont heureux, en toute occasion, de pouvoir solliciter les sages avis et les conseils si autorisés d'un Père tel que vous. Notre cher asile, fier du nouveau témoignage d'affectueux intérêt que vous lui donnez en ce jour, vous prie d'agréer l'expression de sa profonde reconnaissance.

Monsieur le Curé de Saint-Laurent,

Il ne conviendrait pas à des enfants de remercier leur Père de se trouver au milieu d'eux, mais il leur est toujours permis d'exprimer la joie et les sentiments d'affection que provoque toujours cette présence. Nous sommes d'autant plus sensibles aux marques de bonté que vous nous donnez sans cesse, qu'elles nous rappellent mieux les sentiments du meilleur des Pères et du premier Pasteur de cet asile, Mgr Duquesnay, votre illustre prédécesseur.

Vénérés Pasteurs et Révérend Père Supérieur,

Nous vous sommes très reconnaissants de la haute bienveillance que vous nous témoignez. Merci d'ouvrir toujours si généreusement les portes de vos grandes paroisses et de vos églises à nos chères Petites Sœurs, aux abeilles nourricières de cet asile. Votre présence, en ce jour, réjouira beaucoup nos chers vieillards, venus de vos paroisses et reçus de vos mains. En vous voyant parmi eux, ils se sentiront moins isolés, ils se croiront toujours de votre grande famille paroissiale, puisque leur Pasteur ne cesse de veiller sur eux et de s'intéresser à leur sort.

Messieurs Labbé et Joriaux,

Vos deux familles si chrétiennes et si généreuses fondèrent cet asile il y a cinquante ans et l'assistèrent très efficacement aux jours de crise et d'orage. Vos très vénérables pères furent au labeur et au combat; il est bien juste que vous, les dignes continuateurs de leurs œuvres charitables, vous soyez à l'honneur et vous jouissiez des heureux fruits de l'œuvre paternelle.

Monsieur le Docteur et Monsieur l'Architecte,

Merci de veiller toujours, avec un soin si constant et si désintéressé, à améliorer la situation de nos chers vieillards ; soit en les assurant toujours d'un abri sain et confortable, soit, Monsieur le Docteur, en leur prodiguant sans cesse vos soins éclairés, en prêtant toujours une oreille patiente et attentive à leurs plaintes douloureuses. Prenant une part plus intime aux labeurs et au dévouement de nos Petites Sœurs, vous avez droit à la même estime, comme vous participerez à la même récompense.

Vénérés Confrères,

Merci à vous aussi, chers amis, amis des bons comme des mauvais jours, toujours disposés à apporter à notre cher asile un nouveau témoignage de votre affectueux dévouement et à son aumônier, déjà vieux lui aussi et souvent fatigué, le secours de vos bons services et l'appui réconfortant de votre fraternelle amitié. Il est heureux, en ce jour, de pouvoir vous en exprimer sa profonde et toute fraternelle gratitude.

En ce jour, Éminence, l'univers catholique célèbre la fête de notre commun Père. Tous nous sommes heureux d'unir nos voix aux concerts d'hommages et d'acclamations qui s'élèvent vers lui en ce jour.

Permettez-moi donc, Éminence, de lever mon verre en l'honneur du Souverain Pontife, de notre bien-aimé et très Saint-Père Pie X ; en l'honneur du Fils très aimé, lui aussi, auquel, à notre grande joie, le Vicaire de Jésus-Christ prodigue les marques d'estime et d'affection particulières ; à votre santé, Éminence, santé si précieuse à votre grand diocèse et à toute l'Eglise de France ; à la vôtre, Messieurs et très honorés convives, et à la prospérité de toutes vos œuvres.

Des marques d'assentiment unanime et de discrets applaudissements accueillent ces quelques mots.

Réponse de Son Éminence

Son Éminence le Cardinal Amette, avec sa bonne grâce et son merveilleux à-propos bien connus, répond, en s'unissant aux remerciements qui viennent d'être exprimés, à tous et chacun des convives présents, et en particulier à MM. Labbé et Joriaux, les dignes héritiers et continuateurs des œuvres charitables de leurs vénérables pères. Le Cardinal paraît tout particulièrement heureux du souvenir et des hommages adressés au Souverain Pontife.

« J'étais il y a quinze jours, dit-il, auprès du Saint-Père, pour déposer à ses pieds mes hommages et ceux de mon clergé : pour lui exprimer nos sentiments de filiale affection, de docilité, d'indéfectible attachement à sa personne et à ses directions.

« Hier encore je lui ai envoyé, à l'occasion de sa fête, un télégramme pour lui renouveler l'expression de ces mêmes sentiments, en mon nom et au nom de tous mes prêtres.

« Je suis heureux de constater qu'en agissant ainsi, je répondais à vos sentiments intimes et que j'étais bien l'interprète fidèle de vos pensées. »

Puis le Cardinal fait remarquer que les Bonnes Mères n'ont pas à s'excuser au sujet de l'hospitalité qu'elles nous ont offerte. Aujourd'hui, comme toujours, elles ont bien fait les choses.

Et Son Éminence termine en levant son verre en l'honneur du Souverain Pontife et à la prospérité de la chère maison cinquantenaire.

Nous regrettons de n'avoir pu reproduire les paroles textuelles de notre bien-aimé Cardinal ; ce pâle résumé ne peut rendre le charme de cette causerie improvisée, mais les chaleureux applaudissements qui accueillirent les paroles de Son Éminence nous indiquent mieux l'agréable et profonde impression qu'elles produisirent sur tous ceux qui eurent la joie de les entendre.

LA FÊTE DE LA CHARITÉ VA COMMENCER

Nos vieillards, bien réconfortés à l'avance par un bon petit déjeuner plus abondant, en prévision d'un retard possible, attendent très patiemment et sans fatigue l'heure habituelle de leur repas.

Mais, à l'heure fixée, Son Éminence s'empresse pour aller les retrouver dans leurs salles. Cette fois la *cappa* majestueuse et solennelle a fait place, sur la soutane rouge, à l'insigne du serviteur, au tablier blanc qu'une main généreuse et habile a brodé aux armes du pontife : la majesté du prince de l'Eglise devient la dignité souriante du Père de famille qui est heureux d'aller bénir, rompre et distribuer à ses vieux enfants le pain quotidien et le gâteau de fête. Les prêtres ont imité leur Chef et le tablier d'ordonnance tranche davantage encore sur la sombre et sévère soutane. Sur son passage, Son Éminence rencontre, rangés dans les couloirs conduisant aux salles, un grand nombre de bienfaiteurs de tout âge, eux aussi armés pour le service des pauvres. Les toilettes gaies et claires des enfants et des jeunes filles vont encore apporter à nos bons vieillards comme un sourire et un renouveau de joie et de jeunesse. Son Éminence les bénit au passage et leur adresse, selon la bonne fortune des rencontres heureuses, de ces paroles paternelles et aimables qui font la joie et resteront comme le plus doux souvenir de ceux qui en sont favorisés.

Dès que Son Éminence paraît à l'entrée de la salle des hommes, des applaudissements et des acclamations enthousiastes retentissent. « Vive Son Éminence ! » répètent tous les échos mouvementés de la maison. Toutes les salles ont été décorées de belles guirlandes aux couleurs douces et variées, encadrant portes et fenêtres, tableaux et blasons, artistement disposées et offrant à la vue un aspect de fraîcheur et de jeunesse qui provoque la surprise et l'admiration.

Mais ce n'est pas l'heure de l'admiration, encore moins des longs discours : c'est l'heure pratique. Après quelques mots aimables pour répondre à un accueil si enthousiaste, Son Éminence bénit la table ; puis Elle invite les vénérables convives à s'asseoir, et les aimables serviteurs et servantes du jour à commencer de suite leurs bons services. Le Cardinal voudrait bien commencer lui-même, mais il ne faut pas faire attendre plus longtemps les bonnes grand'mères. Il arrive à la salle des femmes : mêmes acclamations, même accueil enthousiate, même aspect de joie et de fête. Son Éminence bénit la table, fait asseoir les convives et, de suite, saisissant la grande cuillère à potage, la plonge dans l'une des deux énormes soupières placées devant lui, opère le mélange en bon connaisseur et invite Mgr Odelin à imiter son exemple. C'est alors un défilé rapide et ininterrompu des serviteurs du jour : papas, mamans, enfants présentant tour à tour aux deux prélats une assiette vide, qui, aussitôt remplie, est portée à chacune de nos bonnes vieilles heureuses et fières d'être servies par de grandes dames et belles demoiselles.

Dans ces conditions, le service est vite fait.

Le bon Cardinal se montre là, comme en tout d'ailleurs, d'une activité inlassable. Après le service du potage, il veut encore donner quelque chose lui-même à chacune d'elles. Il lui est si agréable de leur faire plaisir. Elles se montrent si flattées, si véritablement heureuses de recevoir quelque chose de la main même du Cardinal, du Prince de l'Église, qu'en vérité Son Éminence, dans sa bonté, voudrait pouvoir faire tout par lui-même. Trop tôt, à son gré, le Cardinal est contraint de se retirer : il ferait trop de jaloux ; il lui faut voir pendant le temps du repas les 300 vieillards.

D'ailleurs son attrait le porte vers les malades, vers les plus infirmes, vers ceux qui souffrent davantage et par conséquent ont le plus besoin de consolations. C'est la tournée des infirmeries et des malades. A tous et à chacun d'eux Son Éminence distribue quelque chose, un mets, une friandise, accompagnés d'une bonne parole. Les malades surtout sont l'objet d'une attention particulière, d'une plus paternelle bonté : Son Éminence encourage, console et amène le sourire sur ces visages que l'infirmité et la souffrance assombrit trop souvent.

Pendant ces tournées charitables du bon Cardinal, les bienfaiteurs, les enfants surtout, sont l'objet de ses délicates et si paternelles attentions. Deux, tout jeunes, sont habillés en officiers français, c'est le jour de la Mi-Carême ; Son Éminence les appelle, les invite à saluer, ce qu'ils font très gracieusement, et les engage à bien faire leur service. Les arrière-petits-enfants de M. Ernest Labbé, premier fondateur, deux bébés, lui sont présentés par M. Paul Labbé, le grand-père, dont la guérison, il y a cinquante ans, amena la fondation de l'asile. Son Éminence prend dans ses bras le plus jeune (18 mois) et dépose sur son front une caresse, comme le Sauveur du monde le fit si souvent autrefois en Palestine, et les bénit paternellement.

Son Éminence, inlassable, revient à la salle des hommes, qu'elle n'a fait que traverser au début pour bénir la table.

Elle est encore reçue avec le même accueil enthousiaste, encore accru de toute la joyeuse satisfaction et du réconfort qu'a déjà apporté aux convives un bon festin si aimablement servi. De nouveau Son Éminence reprend son service ; Elle donne à chacun de nos vieillards un dessert, une friandise, toujours accompagnés d'une bonne parole qui sort comme d'une source intarissable de douceur et de bonté. En vain nous engageons Son Éminence à se reposer quelques instants : Elle veut rester jusqu'à la fin sur le champ de bataille de la charité, jusqu'à ce que, le service terminé, Elle ait pu, avec les chers vieillards, remercier le Bon Dieu de tous ces dons de la charité dont ils venaient d'être si abondamment favorisés.

LA FÊTE DU PASTEUR

A peine quelques instants de repos, et une autre cérémonie appelle Son Éminence. C'est le Pasteur, le père de famille qui réunit tous ses enfants. Il va recevoir leur hommage filial, et son serviteur, son délégué parmi eux, va rendre compte de l'état présent et rappeler quelques bons et chers souvenirs de famille.

Clergé, bienfaiteurs, Petites Sœurs et vieillards sont invités à cette grande réception. Pour une telle réunion il a fallu déménager un des plus grands dortoirs de l'asile : faire le vide complet et n'y admettre que banquettes et chaises nécessaires. La salle n'en présente pas moins un magnifique coup d'œil. Au centre, un trône de dimensions nécessairement restreintes, mais très riche : il est destiné au Prince de l'Église ; en face, un grand et beau Christ en croix. image et symbole de la plus sublime charité.

A l'un des bouts, formant tableau, les armes monumentales de Sa Sainteté Pie X et, tout autour, les armes de Son Éminence alternent avec les blasons de Jeanne d'Arc, reliés et encadrés de guirlandes superbes de coloris et de fraîcheur : l'ensemble est harmonieux avec un cachet de solennité et de fête. Avant l'heure fixée, 2 heures, la salle est comble et déborde dans le réfectoire presque rempli déjà : environ 600 personnes ont pu trouver place. A l'heure dite, Son Éminence et Mgr Odelin ont peine à se frayer un passage pour arriver jusqu'au trône.

Son Éminence le Cardinal Amette est maintenant au trône, et contemple avec une visible satisfaction la nombreuse et si joyeuse famille qui se presse autour de lui, de plus en plus avide de le voir et de l'entendre. Près du Cardinal, formant sa cour d'honneur, se tiennent Mgr Odelin, MM. les chanoines Cazals et Désers, MM. les Curés de Notre-Dame de Lorette et de Saint-Martin, le R. P. Durouchoux, le Directeur de l'École Saint-Léon et les membres du clergé qui ont assisté aux cérémonies du matin : puis une riche et large couronne de bienfaiteurs et de bienfaitrices parmi lesquels nous distinguons les familles des deux fondateurs, MM. Labbé et Joriaux. Parents et enfants sont venus très nombreux. Véritable élite chrétienne, préférant et faisant passer le service de Dieu et des pauvres avant les distractions que peut offrir un jour de Mi-Carême : puis çà et là, partout Petites Sœurs et vieillards ont comblé jusqu'au moindre vide qui pouvait leur permettre ou de mieux voir ou de mieux entendre.

L'Aumônier prend aussitôt la parole : il souhaite la bienvenue au vénéré Cardinal, salue l'assemblée, et rendant compte à son Chef et au Pasteur bien-aimé de la portion du champ qu'il lui a confiée, il lui dit sa joie et sa consolation en voyant l'œuvre accomplie dans cette Maison par les Petites Sœurs des Pauvres.

(Nous donnons plus loin le texte *in extenso* du *Compte rendu*).

Son Éminence a entendu avec satisfaction cet exposé. Elle est heureuse de la belle moisson déjà acquise, et des heureuses promesses de la moisson future.

L'un de nos bons et chers vieillards succède à M. l'Aumônier. Il salue et remercie Son Éminence du grand bonheur qu'elle nous apporte en ce jour. Il dit la reconnaissance de ses camarades et la sienne à tous, prêtres et bienfaiteurs; et en des termes tout particulièrement touchants, aux bonnes, aux admirables Petites Sœurs. Il proclame son bonheur d'avoir retrouvé dans cet Asile, avec le soulagement de leurs misères physiques, la paix du cœur et le chemin du Ciel.

Reproduisons ici même ce discours :

Éminence,

Vénérés Pasteurs,

Mesdames, Messieurs,

C'est par un cri du cœur, ému autant que sincère, que tous les vieillards de cet Asile voudraient manifester hautement la profonde gratitude qui les anime, à la pensée de tous les bienfaits, de toutes les attentions, de toutes les sollicitudes dont ils sont sans cesse l'objet dans cette maison bénie.

Si mes paroles sont inhabiles et impuissantes à traduire de tels sentiments, votre haute bienveillance, Éminence, daignera y suppléer et agréer notre bonne volonté.

Merci, Éminence, d'avoir bien voulu nous accorder une journée entière de votre temps précieux et de nous avoir ainsi permis de contempler à loisir votre rayonnante bonté. Il est si bon, il est si doux à nos pauvres cœurs qui trop souvent, semble-t-il, n'ont tant vieilli que pour mieux éprouver toutes les amertumes de l'indifférence, de l'abandon, de l'oubli, quelquefois même du mépris ; il est si bon, il est si doux de sentir si près de soi un cœur qui nous aime véritablement, surtout quand ce cœur est celui d'un prince de l'Église, d'un ami sincère, d'un ardent apôtre des pauvres et des ouvriers. Quel apaisement, quelle consolation pour nos pauvres âmes et quel élan d'amour et de reconnaissance vers Dieu! Nous sommes alors obligés de nous dire : Si le cœur du disciple est si bon et rend si heureux, que dire alors du Cœur du divin Maître. Ah! ce bon Maître que trop longtemps nous avons méconnu, oublié, offensé, nous apprenons enfin à le mieux connaître, à le servir et à l'aimer. Quelle révélation parfois, quelle consolation toujours, pour nos âmes meurtries, quand le prêtre, l'Évangile à la main, nous parle de lui! Ce grand Dieu qui naît petit enfant, dans la plus extrême indigence; ce pauvre et humble ouvrier de Nazareth, qui, comme nous, a voulu travailler et peiner tout le jour pour nourrir sa mère; ce Bienfaiteur unique de l'humanité souffrante, qui passe en faisant le bien, et qui, ayant souffert toutes douleurs, meurt crucifié pour nous sauver : Qui donc, le connaissant, pourrait ne pas l'aimer?

Oh! merci à tous ceux qui de près ou de loin nous ont tendu la main sur la pente mortelle et nous ont fourni les moyens de connaître le Sauveur et d'apprécier le bienfait de la Rédemption. Merci à vous, Éminence, l'un de ses principaux représentants qui veillez avec tant de sollicitude à nos intérêts spirituels. Merci de nous conserver notre bon et cher Aumônier : il nous aime, nous le savons; il veut notre bien, il nous presse avec une inlassable ardeur de nous jeter entre les bras de Celui qui a dit : « Venez à moi et je vous soulagerai. » Aussi nous sommes doublement heureux de répondre à ses pressants appels et à sa sincère affection.

Merci à vous, vénérés Pasteurs de nos paroisses, qui, à l'heure de la détresse, de l'abandon ou de l'oubli, n'avez cessé de veiller sur nous et nous avez dirigés vers cet asile de la divine charité et nous avez procuré une nouvelle famille admirable et dévouée jusqu'à l'héroïsme.

Merci à vous tous, généreux fondateurs et bienfaiteurs de cette maison. Merci d'avoir ouvert cet asile à toutes nos détresses physiques et morales. Merci de vous montrer les instruments vivants, actifs, généreux de la divine Providence à notre égard : Providence bénie, que vos bienfaits journaliers et votre présence en ce jour nous fait comme toucher du doigt.

Éminence, permettez-moi encore d'adresser à nos chères Petites Sœurs, un très respectueux et affectueux merci. Nous avons retrouvé en elles des mères et des sœurs. Des mères, oui certes, et notre âge nous permet de l'affirmer, des mères plus méritantes encore, car leur dévouement est plus grand, plus désintéressé, plus sublime et plus méritoire incomparablement que celui de toutes les mères de la terre. Elles ont tout le mérite de leurs bonnes actions, parfois si dures, si répugnantes même à la nature, sans jamais goûter aucune de ces satisfactions humaines que les enfants, même au berceau, donnent à leurs mères bien-aimées.

Des sœurs, oui encore ; mais des sœurs d'une bonté, d'une patience, d'une délicatesse telles que, seul, l'amour de Dieu peut inspirer, quand il s'agit de panser nos blessures ou physiques ou morales. Toutes elles s'ingénient à nous rendre la vie douce et facile. La vue d'une telle vertu, d'un pareil dévouement calme et attendrit les cœurs les plus endurcis et les ramène à ce Dieu de charité que jamais nous n'aurions dû cesser d'aimer. La mort ne nous effraie plus : en paix avec Dieu, consolés et soutenus par nos Petites Sœurs, nous savons qu'à l'heure suprême elles seront encore là, près de nous, véritables anges gardiens de nos âmes, nous murmurant les doux noms de Jésus et de Marie, priant pour nous et nous montrant le ciel, prix de nos souffrances et de notre résignation.

Aussi, Éminence, nous vous en conjurons, daignez nous aider à payer notre dette de reconnaissance et quand, dans un instant, vous élèverez votre main paternelle pour attirer les bénédictions de Dieu sur toute cette grande famille, qui vous contemple avec une si joyeuse et si sincère affection, vous aurez une pensée toute spéciale, non seulement pour tous nos généreux bienfaiteurs, mais aussi pour nos chères Petites Sœurs, auxquelles nous sommes redevables et du peu de bonheur dont nous aurons joui ici-bas, et, nous l'espérons, de la miséricorde divine, du bonheur infini qu'il nous sera donné de partager avec elles dans la céleste patrie.

Longue vie et reconnaissance éternelle à Son Éminence et à tous nos bienfaiteurs!

Les accents émus, sincères, convaincus du vieillard font impression. Tous se sentent heureux d'avoir pu contribuer en quelque chose au bien de ces bons vieillards. La grande bonté, les marques d'approbation que Son Éminence n'a cessé de lui prodiguer, pendant tout son discours un peu long pour son âge et ses yeux fatigués ; les unanimes applaudissements qui ont accueilli l'expression de ses sentiments, lui ont prouvé qu'il avait bien dit, et, par là, bien mérité de ses camarades.

Une cantate que l'on a bien voulu qualifier de charmante, et qui parut en effet goûtée de tous, redit alors d'une manière poétique les sentiments des vieillards à l'égard de tous leurs bienfaiteurs, et annonça quelque chose de l'historique que bientôt on allait entendre. Déjà chacun avait pu la lire et l'apprécier dans les feuilles distribuées à l'avance. Son Eminence elle-même, malgré la promesse d'une autre feuille plus belle, plus digne d'Elle et marquée à ses armes, mais qui, sans doute, avait le tort de se faire attendre, voulut bien en réclamer une ordinaire comme tout le monde et la parcourut de suite, tout entière, avec un intérêt marqué. Nos chers vieillards, aidés et soutenus par les Petites Sœurs, exécutèrent cette cantate à la satisfaction générale. L'air facile et entraînant qui en doublait le charme fut bientôt murmuré par un grand nombre d'assistants et il n'est pas douteux que, si l'on eût alors procédé à une seconde exécution, le nombre des artistes exécutants eût été plus que décuplé.

Voici cette cantate :

CANTATE

pour les Noces d'Or de l'Asile des Vieillards Paris-Saint-Laurent.

1er COUPLET

A Son Éminence le Cardinal Amette.
« Mihi vivere Christus est. »

Retentissez, chants d'allégresse,
« Vive le Christ, l'Ami des Francs, »
Qui prodigue ici sa tendresse
Aux vieillards pauvres, chancelants!
Honneur au Prince de l'Église,
Du pauvre acclamons le Pasteur,
Il se dévoile en sa devise :
« C'est Toi ma vie, ô doux Sauveur. »
« Mihi vivere Christus est. »

Chantons joyeux : Vive Son Éminence,
L'apôtre ardent, gardien du Sacré-Cœur !
Qu'il soit béni celui dont la présence
Met dans notre âme un rayon de bonheur ! *(bis)*.
A vous aussi nos chants de gratitude,
Hommes de foi, bienfaiteurs généreux ;
Notre merci n'est qu'un faible prélude
De ceux qu'un jour vous entendrez aux Cieux *(bis)*.
Hosanna ! Hosanna ! Hosanna ! Hosanna !

2e COUPLET

Aux Fondateurs et Bienfaiteurs.

Célèbre, ô demeure chérie !
Tes noces d'or et les vertus
Des fondateurs qui t'ont bâtie
Près d'un temple cher à Jésus !
L'un d'eux voyant, triste spectacle !
Son fils sur le point de mourir,
Fit une promesse... O miracle !
Dieu se hâta de le guérir *(bis)*.

Et depuis lors, le pauvre, qu'on délaisse,
Termine ici, dans la paix, ses vieux jours,
Son âme y chante et répète sans cesse :
Chers bienfaiteurs, soyez bénis toujours ! *(bis)*.
C'est grâce à vous que nous pouvons ensemble
Vivre en chrétiens et mourir saintement,
En attendant qu'au ciel Dieu nous rassemble,
Suprême but de votre dévouement *(bis)*.
Hosanna ! Hosanna ! Hosanna ! Hosanna !

3e COUPLET

A Marie : « *Salus infirmorum* »
et à nos vénérés Pasteurs.

A toi nos cœurs, Vierge si bonne,
Du pauvre infirme le salut !
Cet asile, pour sa patronne,
Par la voix d'un prêtre t'élut.
Comment oublier, tendre Mère !
Ces Pontifes, chéris de toi,
Qui nous ont aimés sur la terre :
Duquesnay, l'illustre Darboy ! *(bis)*.

L'un mit en terre une pierre bénite
Et l'on vit naître un asile en ce lieu,
L'autre, à son tour, consacra dans la suite,
Notre chapelle à la Mère de Dieu *(bis)* ;
En ce lieu saint, témoin de nos prières,
Où Dieu se donne et nous accorde tout,
A nos Pasteurs, aux Pontifes nos pères,
Soir et matin nous penserons beaucoup *(bis)*.
Hosanna ! Hosanna ! Hosanna ! Hosanna !

4e COUPLET

A Saint Joseph, grand Protecteur
et Père nourricier de nos maisons.

Il a bien droit à notre hommage
Le vieillard choisi par le ciel
Pour protéger, en son jeune âge,
Jésus, le Fils de l'Éternel.
Sous ses auspices, cet asile,
Où nous reçut la charité,
Naquit et compte dans la Ville
Cinquante ans de prospérité *(bis)*.

C'est toi qui fus l'œil de la Providence
Et qui veillas toujours sur nos besoins,
Bon saint Joseph, notre reconnaissance
Voudrait pouvoir te louer de tes soins ! *(bis)*.
Nos âmes sont, hélas ! trop languissantes,
Faibles aussi sont nos pieux transports,
Anges du ciel, à nos voix impuissantes,
Daignez unir vos sublimes accords *(bis)*.
Hosanna ! Hosanna ! Hosanna ! Hosanna !

5e COUPLET (1)

A Sœur Pauline, quêteuse cinquantenaire,
et aux Petites Sœurs.

Depuis cinquante ans Sœur Pauline
De porte en porte tend la main,
Elle quête, toujours chemine
Et quêtera jusqu'à la fin.
Vive la bonne mendiante
Qui pour nourrir ses pauvres vieux,
Comme une abeille diligente
Butine à toute heure, en tous lieux.

(1) Supprimé alors et remis à sa place.

Vivent nos Sœurs, toutes si valeureuses,
Qui prennent soin de nous, avec amour ;
Et qui ne sont satisfaites, heureuses,
Qu'en s'immolant et la nuit et le jour.
Que Jésus-Christ récompense leur zèle
Dès ici-bas, par un peu de bonheur,
Et qu'il réserve à leur âme fidèle
Le Ciel promis au vaillant serviteur.
Hosanna ! Hosanna ! Hosanna ! Hosanna !

6e COUPLET

Bénédiction et dernière prière.

Éminence, que Dieu bénisse
Par votre main nos bienfaiteurs,
Daignez l'étendre aussi propice
Sur nous, sur nos Petites Sœurs.
Votre noble et sainte parole
Exaltera leur dévouement,
Et dans l'âme qui se désole,
Fera naître un rayon charmant *(bis)*.

Doux souvenir de cette belle fête,
Tu resteras gravé dans notre cœur ;
Et pour nous tous, elle sera complète,
Si vous daignez nous bénir, doux Sauveur *(bis)*.
Vous donnerez, Seigneur, en récompense
Le ciel à ceux qui nous prêtent secours,
Heureux déjà de témoigner qu'en France
La charité vit et règne toujours ! *(bis)*.
Hosanna ! Hosanna ! Hosanna ! Hosanna !

Mais l'heure s'avançait rapide, trop rapide à notre gré. Tous désiraient ardemment entendre Son Éminence : et l'Aumônier avait encore à lire un long historique des premières années de l'Asile ; beaucoup trop long pour un grand nombre d'assistants peut-être, il le craignait, d'autant plus que le style et les artifices du langage, il le savait bien, ne viendraient pas corriger ces longueurs ; mais d'un autre côté, il avait été tellement pris et saisi lui-même par l'intérêt des choses et des faits qu'il avait à rapporter, que sciemment il n'avait pu être court, qu'il n'avait pas voulu consentir à être court, de peur de priver, par sa faute, les amis de la maison, et il les savait très nombreux, d'entendre et de connaître ces choses merveilleuses, admirables, qui devaient les intéresser autant que lui-même. En plus de ces légitimes appréhensions d'être à charge à plusieurs, son état de fatigue, auquel venait encore s'ajouter la chaleur suffocante, qui déjà montait dans la salle trop petite et insuffisamment aérée pour une telle réunion, lui donnait des craintes très sérieuses de ne pouvoir accomplir son devoir jusqu'au bout. Mais si le Bon Dieu, comme le dira bientôt le vénéré Cardinal, devait faire encore un nouveau petit miracle en faveur de Sœur Pauline, lui ouvrir les oreilles pour lui permettre d'entendre tout ce qui serait dit, la divine Providence dut bien aussi (et le seul but de l'intéressé est de lui exprimer sa reconnaissance) accorder un secours spécial à l'Aumônier, pour lui permettre de dire toutes ces choses, de les dire une heure durant, d'une voix assez haute et claire pour ne fatiguer personne. Aussi cette journée restera comme un des plus doux souvenirs de sa vie sacerdotale, par cela même que Dieu lui a permis de plaider aussi longtemps, et non sans succès, ont bien voulu lui affirmer les témoignages les plus hauts et les plus autorisés, une cause qui lui est très chère, devant un auditoire choisi, et aussi sympathique que distingué.

RAPPORT DE M. L'AUMONIER

Compte Rendu et Historique des premières années de la Maison

Éminence,

Monseigneur,

Vénérés Pasteurs,

Mesdames, Messieurs,

Vive le Christ qui aime les Francs!

Cette acclamation qui toujours fait vibrer délicieusement votre cœur, Éminence ; ce salut plein de filial amour adressé à Celui dont le service et la gloire sont le tout de votre vie ; ce cri national, qui, à l'étranger, devant 25.000 catholiques, vous inspira si noblement, pour revendiquer, en Evêque de France, la place due, parmi les nations adoratrices du Dieu d'amour, à notre chère Patrie, toujours vivante, grâce à Dieu, alors qu'on paraissait vouloir l'ignorer et l'ensevelir déjà, dans les ombres et l'oubli d'un tombeau prématuré ;

Permettez-moi, Éminence, de le répéter, ce cri, en l'honneur du Dieu de charité : du suprême Bienfaiteur de l'humanité souffrante, en cette circonstance, relativement bien petite, sans doute, mais à laquelle la présence d'un Prince de l'Église, ami sincère et ardent apôtre des pauvres et des ouvriers ; unie à la bienveillante assistance de ces vénérables prêtres, heureux et fiers de marcher à la suite d'un tel chef, et de cette élite si chrétienne et si généreuse, donne tout son intérêt et toute son importance.

En présence de ces Vierges sages et fidèles, qui toujours savent aller puiser dans le Cœur de leur chaste Epoux le feu sacré de l'amour divin qui, seul, leur permet de s'élever au plus haut degré de la plus sublime charité ; au sein de cette petite et pauvre famille, dénuée de tout prestige humain, certes, mais portion choisie et privilégiée du Christ ; de ces bons vieillards qui s'efforcent de mieux aimer le Dieu Sauveur et de servir encore leur Patrie, malgré les impuissances de l'âge, en offrant généreusement pour elle et leurs prières assidues, leurs sacrifices sans cesse renouvelés, leur pieuse résignation et leurs souffrances patiemment supportées.

D'ailleurs, cette acclamation résume si bien les sentiments de nos cœurs, en ce jour qui rappelle et célèbre cinquante années de bienfaits, qu'en vérité elle est montée de notre cœur sur nos lèvres.

Oui, amour et reconnaissance au Christ Sauveur qui a favorisé la France de cette Congrégation des Petites Sœurs des Pauvres, formée à l'image de son Cœur, douce et humble, ardente au dévouement et au sacrifice, féconde en fruits merveilleux de salut. Le Christ a toujours pitié de la foule qui peine et qui souffre. Il n'y va plus en personne, mais Il envoie aux plus pauvres, aux plus déshérités d'entre eux, les amis de son Cœur et ses dignes épouses, ses fidèles servantes.

Reconnaissance au Christ d'avoir doté généreusement notre Capitale de ces foyers de charité et d'avoir daigné manifester, par un bienfait signalé, sa volonté expresse d'établir ce nouvel Asile ; de lui avoir constamment assuré, pendant cinquante ans, les concours les plus généreux et les plus dévoués ; de l'avoir placé en ce lieu pour mieux se trouver, un jour, sous la protection spéciale de son Cœur Sacré, à l'ombre du temple magnifique qu'Il avait demandé comme gage de son alliance et de son amour de prédilection pour ses amis les Francs, et qu'il vous sera donné, Éminence, c'est l'objet des prières et le vœu de vos enfants, de consacrer de vos mains, pour la gloire de Dieu et de l'Église, pour l'honneur et le salut de la Patrie.

I. — COMPTE RENDU, ÉTAT PRÉSENT

Après cinquante années d'existence, l'Asile des Petites Sœurs des Pauvres de Saint-Laurent nous apparaît dans l'épanouissement de sa féconde maturité.

L'édifice matériel se présente rajeuni : il a fait sa toilette des grands jours pour mieux recevoir ses hôtes illustres et faire honneur à ses bienfaiteurs qui ne cessent et n'ont jamais cessé de l'entourer de leur constante sollicitude.

Sous la direction maternelle d'environ 30 Petites Sœurs, 300 vieillards, dont 140 hommes et 160 femmes, trouvent ici un lieu de retraite paisible et sûr, tous les soins que peuvent réclamer des vieillards malades ou infirmes, une hospitalité saine et réconfortante, et toujours recherchée, si l'on en juge par les nombreuses demandes d'admission auxquelles il ne peut être donné satisfaction.

La situation financière est dans un état qui sans être absolument normal, apparaît cependant rassurant. Malgré le renchérissement universel des denrées, malgré l'embarras de la situation générale extérieure, qui ne favorise guère les grandes largesses : il n'y a pas lieu de s'inquiéter pour l'avenir.

Une amélioration matérielle reste à souhaiter.

Le nombre de nos vieillards a dépassé les prévisions premières. Notre Chapelle est devenue trop petite et, par suite, incommode pour les vieillards et fatigante pour tous. Il ne s'agit pas, certes, d'une reconstruction ni nécessaire, ni désirable ; mais d'une transformation partielle, d'une meilleure disposition de l'édifice dans ses limites actuelles et qui nous donneraient, à la fois, l'espace utile, plus d'air et plus de lumière. Cette Chapelle que nous aimons en sortirait améliorée, embellie. La Providence saura bien y pourvoir à son heure ; c'est la réponse habituelle et confiante de nos Petites Sœurs ; aussi nous nous contentons de formuler ce vœu devant ses habituels et toujours si généreux intermédiaires. Daigne saint Joseph avancer l'heure désirée.

Depuis sa fondation, l'Asile de Saint-Laurent a recueilli 4.355 vieillards des deux sexes.

Mais cet Asile n'est pas seulement une œuvre de bienfaisance humaine. Nos Petites Sœurs ne soignent les corps avec tant de charité et de dévouement que pour mieux atteindre les âmes et faire en elles l'œuvre du Sauveur lui-même, les guérir et les sauver.

C'est l'édifice spirituel qu'elles veulent élever à la gloire de Dieu. Cet édifice exige la collaboration journalière et assidue du Prêtre et de la Petite Sœur : du Prêtre qui annonce la doctrine du Sauveur, sonde les plaies de l'âme et applique les remèdes ; de la Petite Sœur qui répète et fait pénétrer la doctrine, l'insinue par sa vertu touchante et gagne les cœurs par son dévouement ; — œuvre très lente, très pénible à ses débuts, et qui exige toutes les patientes industries du zèle sacerdotal, toutes les énergies d'un cœur d'apôtre ; il s'agit alors, non seulement de travailler au salut des présents, mais encore de former un noyau d'élite, capable d'entretenir les bonnes traditions, les pieuses coutumes, qui constituent l'esprit particulier d'une Maison de Petites Sœurs : œuvre pénible mais œuvre fructueuse et féconde entre toutes d'où dépend l'avenir, car à ce noyau viendront s'adjoindre d'elles-mêmes toutes les âmes de bonne volonté, qui sans peine, par la vertu de l'exemple et de l'émulation, perfectionneront l'œuvre du début : — cette œuvre, le prêtre ne peut que l'ébaucher, elle est surtout le fruit de la vertu, de la patience inaltérable de la Petite Sœur, de la prédication muette mais continue et convaincante, qu'est pour l'âme, trop souvent fermée et blessée du vieillard, le dévouement admirable dont il est sans cesse l'objet de la part de celle qui, par amour pour Dieu, s'est faite son humble servante.

Cet édifice spirituel eut dès le début un incomparable ouvrier, un ami sincère des pauvres, une grande âme d'apôtre, Mgr Duquesnay, alors curé de Saint-Laurent. Il consacra à cette œuvre le meilleur de son intelligence et de son cœur, veillant sans cesse à l'instruction, à l'éducation de ses chers pauvres, leur procurant retraites, missions, qu'il prêchait lui-même, soit seul, soit avec le concours de ses dévoués vicaires. Puis, il la confia à des prêtres de son choix, à l'un ou l'autre de ses vicaires qui tour à tour poursuivirent avec zèle l'œuvre si bien commencée.

Dès lors je ne m'étonne plus d'apprendre que dès les premières années l'édifice était en bonne voie d'achèvement. Après les souffrances et les épreuves du premier siège de Paris par l'ennemi, sous les menaces des horreurs de la Commune prévues déjà, une Petite Sœur, la Bonne Mère sans doute, écrivait : « Il fallut se remettre entre les mains de la Providence. Le salut éternel de nos chers vieillards nous tenait surtout à cœur. Nous avons profité de quelques jours de tranquillité relative, pour leur faire donner une retraite, à la suite de laquelle tous firent leurs Pâques. Après cela, à la garde de Dieu ! » Un mois après, l'affreux cauchemar étant enfin dissipé, la même Petite Sœur écrivait : « Ce que nous remarquions avec une grande consolation, c'était une réelle amélioration parmi nos vieillards : il y avait davantage de foi et de religion, moins d'exigence et d'insoumission ; les liens de la charité se sont resserrés. »

La terrible épreuve, les prodiges de vertu et de dévouement que nos Petites Sœurs accomplirent pour eux et sous leurs yeux, pendant ces jours à jamais néfastes, avaient achevé, consacré l'œuvre d'édification spirituelle de Mgr Duquesnay.

Il nous semble, Éminence, qu'en ce cinquantenaire nous pouvons rendre présentement à nos chers vieillards le même témoignage : l'esprit de la maison s'est encore amélioré. Il n'y a pas, à proprement parler, d'exigence ni d'insoumission. Les liens de la charité se sont resserrés ; et, nous pouvons l'affirmer sans crainte, après bientôt dix-huit ans d'un ministère très consolant auprès de ces chers vieillards, il y a davantage de foi et de religion. C'est une bien rare exception quand un de nos vieillards n'accomplit pas à Pâques son devoir de chrétien, et par suite plus rare encore qu'il paraisse devant Dieu sans s'être réconcilié avec Lui. Seul le défaut de temps ou la surprise d'une mort imprévue causent de pareils malheurs. Leur bonne volonté est manifeste. Très attentifs et dociles à la parole de Dieu, ils suivent avec amour les conseils de Notre Très saint et bien-aimé Père Pie X : de plus en plus, après avoir vaincu des préjugés, trop anciens pour n'être pas tenaces, ils fréquentent la sainte table. Aux grandes fêtes de l'Eglise, ils viennent presque tous avec une pieuse unanimité ; chaque jour, de 40 à 60 vieillards, selon la clémence de la saison ou l'état de leur santé, viennent recevoir Notre-Seigneur Jésus-Christ. Chaque mois, le premier vendredi, c'est la moitié d'entre eux, 110 à 120 femmes, de 30 à 35 hommes qui font la communion réparatrice. Tous, en ce jour, aiment à venir prier et adorer le Sacré-Cœur de Jésus, et réparer pour eux et pour la France. Ils ont compris que cette dévotion leur apportait, avec la certitude de leur propre salut, l'assurance du salut de la Patrie.

Éminence, quand Sa Grandeur Monseigneur l'Archevêque de Sida, daigna, dès son arrivée à Paris, nous faire le grand honneur de venir nous visiter : sa bonté gagna tous les cœurs, et lui créa, parmi les âmes les plus ferventes, des amitiés muettes, mais sincères et très actives. Chaque jour elles offrirent un chapelet, et chaque semaine, le samedi, une Communion, aux intentions de leur nouvel et bien-aimé Archevêque. Bon nombre d'entre elles sont parties pour un monde meilleur. Plusieurs persévèrent encore. Je ne doute pas, Éminence, qu'après cette seconde visite, vous ne comptiez bientôt ici, parmi les meilleurs, des enfants non moins aimants, mais plus nombreux et tout aussi fidèles.

En vérité, Éminence, notre chère maison n'est-elle pas dans sa modeste sphère, une preuve vivante de la vitalité chrétienne de notre chère France : et par ces flots d'or de la charité, qui pendant cinquante ans n'ont cessé d'affluer pour contribuer à sa construction, son entretien, son développement et sa vie de chaque jour : et par ce courant plus grand, plus merveilleux encore d'actes de charité, de dévouement et de sacrifices, qu'elle a suscités, multipliés autour d'elle et traduits en fruits merveilleux de salut. L'aumône, la charité est toujours doublement salutaire : elle sauve avec une égale efficacité et ceux qui la reçoivent, et ceux qui savent si sagement, si généreusement la faire. Cette preuve éclatera plus évidente encore dans l'histoire et les faits que nous aurons l'honneur d'exposer dans quelques instants.

II. — HISTORIQUE DES PREMIÈRES ANNÉES DE L'ASILE

Éminence,

Nous avons constaté, dans notre compte rendu, l'abondance de la moisson déjà acquise. Dès lors nous pouvons mieux apprécier le juste tribut de reconnaissance dû à tous ceux qui ont contribué à cette belle œuvre. A qui ces 4.000 vieillards qui ont trouvé dans cet asile et le soulagement de leur misère, et le salut de leur âme, sont-ils redevables de ce double bienfait?

Il y a dans cette assemblée, Éminence, d'insignes bienfaiteurs, qui ont très largement contribué, il y a peu d'années, au développement très important de notre maison; il en est d'autres, et ceux-là sont légion, qui depuis longtemps ne cessent d'entourer cet asile de leur touchante et très généreuse sollicitude. Nous sommes dans l'impuissance absolue et de dire leurs noms et de célébrer leurs actes. Vous daignerez suppléer à notre impuissance, Éminence, et laisser sortir de votre cœur ces paroles qui toujours savent si bien récompenser et encourager. Nous prions tous ces généreux bienfaiteurs, connus ou inconnus, de bien vouloir nous excuser et agréer le respectueux hommage de notre profonde reconnaissance.

L'histoire de la jeunesse de notre maison nous apparaît si chargée qu'à peine pourrons-nous retracer les faits les plus saillants de ses premières années.

§ 1er. — Fondation.

Quels furent les premiers ouvriers de cette œuvre? A qui revient l'honneur et le mérite de cette fondation charitable?

A Dieu d'abord, qui manifesta sa volonté par un bienfait signalé, qui ne cessa de veiller sur cet asile, venant à son secours, le préservant du danger par des interventions où sa main divine apparaissait visible.

Après Dieu, trois hommes, trois amis intimes, animés d'un même amour pour Dieu et pour les pauvres, méritent le titre de Fondateurs et Pères de cet asile.

M. Ernest Labbé, alors président du conseil de fabrique de la paroisse Saint-Roch; M. Joriaux, fidèle associé des labeurs et des bonnes œuvres de M. Labbé; et M. l'abbé Duquesnay, l'ami et le confident, alors curé de Saint-Laurent, bientôt évêque de Limoges et archevêque de Cambrai.

Avant de raconter, disons la source autorisée où nous puisons l'histoire. Nous avons pu consulter les annales intimes de la Communauté : simple chronique, relatant d'un mot les principaux faits intéressant la maison, les faveurs reçues, les difficultés rencontrées; simple aide-mémoire destiné à exciter dans les cœurs des nouvelles Petites Sœurs, avec la reconnaissance pour les bienfaits, la foi et la confiance en la divine Providence.

Nous lisons dès le début :

M. Ernest Labbé, ami et bienfaiteur de nos maisons existantes, vit avec douleur son fils, âgé de 20 ans, seul héritier de son nom, conduit par la maladie aux portes du tombeau. Dans cette extrémité, la pensée lui vint de faire à Dieu, en faveur des pauvres, un sacrifice plus grand ajouté à tant d'autres.

Il confia son projet à M. l'abbé Duquesnay. Ce bon Curé, qui, comme le saint Patron de sa Paroisse, considérait les pauvres comme ses plus chers trésors, vit là une indication de la Providence. Il avait dans sa paroisse un quartier plus déshérité que les autres : celui de La Chapelle. Une Maison de Petites Sœurs ferait si bien de ce côté ! De suite il accueillit le projet avec enthousiasme et en réclama l'avantage pour sa paroisse, promettant tout son concours, ne doutant pas un instant, la gloire de Dieu et le bien des pauvres s'y trouvant engagés, que le Sauveur n'accordât de suite à ce père affligé l'objet de sa demande.

Fortifié dans sa confiance et sa résolution, M. Ernest Labbé se rendit à l'établissement de la rue Saint-Jacques, première Maison des Petites Sœurs établie à Paris ; il recommande son fils aux prières de la Communauté et fait part aux Supérieurs de son projet de fonder une nouvelle maison si le Bon Dieu lui conserve son fils.

C'était aux premiers jours de 1863.

La réponse du Ciel ne se fit pas attendre.

Le Sauveur, comme autrefois pour son ami Lazare, put redire : Cette maladie ne tend pas à la mort du malade, mais à la gloire de Dieu.

A la grande joie de tous le jeune homme guérit ; et nous sommes heureux, en ce jour, après plus de cinquante ans écoulés, de saluer ici même M. Paul Labbé, l'heureux privilégié du Ciel, et de le féliciter de cette grande faveur dont il fut l'objet. Dès lors on ne songe plus qu'à réaliser la promesse. Comme le sage de l'Évangile, M. Ernest Labbé, avant de rien entreprendre, compte ses ressources ; il peut disposer de 175.000 francs, et de suite les destine à l'œuvre projetée.

C'est peu, se dit-il à lui-même. Mais la charité est contagieuse et de suite l'amitié intervient ; M. Joriaux, le fidèle associé, heureux du bonheur de son ami, demande à partager la bonne œuvre et aussitôt s'inscrit pour une somme égale. M. l'abbé Duquesnay, dont la demande et le concours ont été agréés avec joie, offre 50.000 francs, présentement, se proposant et promettant de faire encore bien davantage dans la suite. Bientôt il réalisera sa promesse.

La Providence agissait visiblement.

Ces généreux concours assurés, M. Paul Labbé, complètement remis, se rendait cette année même 1863 à la Maison

Mère des Petites Sœurs. Il était chargé d'un pli de son père, offrant aux premiers Supérieurs de la Congrégation de fonder un nouvel asile, en reconnaissance de la santé rendue à son fils, et mettant à la disposition de l'œuvre les sommes souscrites. L'offre fut agréée. Sans retard on se met à l'œuvre. Petites Sœurs de la rue Saint-Jacques et fondateurs entrent en campagne. Le quartier est fixé : Faubourg-Saint-Denis, premiers numéros de l'ancienne rue de La Chapelle, sur la paroisse Saint-Laurent. On cherche un terrain, on en trouve un, trop peu étendu au gré des Petites Sœurs, qui voudraient assurer aux vieillards des cours convenables. Mais M. Labbé presse, et l'acquisition est faite. Nous sommes au commencement de 1864. Les constructions vont commencer.

Les plans comportent une chapelle et différents corps de bâtiments, formant un asile complet.

M. le Curé de Saint-Laurent, heureux de voir son rêve se réaliser au gré de ses désirs, bénit en grande pompe, dit la chronique, la première pierre des nouveaux bâtiments le 6 avril 1864. Les travaux furent poussés avec une très grande activité ; si bien que le 1er août suivant, M. Ernest Labbé se trouvait à la Maison Mère avec sa famille pour solliciter l'envoi des Petites Sœurs. La fondation fut fixée au 1er septembre.

Au jour fixé elles arrivent au nombre de huit.

Une seule de celles-là nous reste encore : tous la connaissent, mais il n'est pas permis de mettre une Petite Sœur en avant, surtout en public, nous a-t-on dit ; mais grâce à Dieu, nous ne sommes pas tenus à tant de réserve : disons d'abord notre joie de posséder encore cette bonne et vaillante Petite Sœur, ce témoin oculaire qui prit une part si grande et si active à tous les labeurs, à tous les actes de dévouement et de charité, à toutes les actions obscures ou héroïques, car il en fut, qui caractérisèrent la vie de cet Asile pendant cinquante ans. Une censure, dictée par la modestie de nos Petites Sœurs, a fait supprimer dans la cantate que vous venez d'entendre une strophe, qui avait bien le droit d'y paraître. Le Cinquantenaire de la Maison est bien aussi le cinquantenaire de la Petite Sœur et de ses compagnes qui en ont vécu et les joies et les peines.

Permettez-moi donc, Éminence, de rétablir cette strophe :

Depuis cinquante ans, Sœur Pauline
De porte en porte tend la main.
Elle quête, toujours chemine,
Et quêtera jusqu'à la fin.
Vive la sainte mendiante
Qui, pour nourrir ses pauvres vieux,
Comme une abeille diligente
Butine à toute heure, en tous lieux.

Vivent nos Sœurs, toutes si valeureuses
Qui prennent soin de nous avec amour,
Et qui ne sont satisfaites, heureuses,
Qu'en s'immolant et la nuit et le jour.
Que Jésus-Christ récompense leur zèle
Dès ici-bas, par un peu de bonheur,
Et qu'Il réserve à leur âme fidèle
Le Ciel promis au vaillant serviteur.

Nos Petites Sœurs sont arrivées au jour fixé le 1er septembre 1864. Leur première démarche fut d'aller recevoir la bénédiction de Mgr Darboy, archevêque de Paris, qui les reçut avec grande bienveillance et promit d'aller le 8 de ce même mois, bénir la chapelle et la maison. La seconde visite fut pour M. l'abbé Duquesnay. Notre Curé, est-il écrit, nous reçut avec une grande bonté : bon père de famille qui connaît les besoins de ses enfants, il fit une large aumône pour aider aux besoins multiples d'un premier aménagement, mais Pasteur non moins attentif, il demande que l'établissement soit placé sous le vocable de Notre-Dame des Malades, Patronne de la paroisse et de la belle Archiconfrérie dont elle est le siège. Une même dévotion unirait mieux la Paroisse et l'Asile. Déjà M. l'abbé Duquesnay faisait faire une neuvaine dans son église, en faveur de la fondation nouvelle et il convint de venir la terminer à l'Asile, en célébrant la Sainte Messe le neuvième jour dans notre chapelle.

La prière pour l'Asile, nous le constatons avec une pieuse reconnaissance, n'a pas cessé à l'Archiconfrérie ; son intention vient toujours la première, après celle de la paroisse. De leur côté nos chers vieillards gardent et cultivent avec amour cette dévotion inspirée par leur premier Pasteur et Père, et chaque matin, après la messe, ils ne manquent jamais de chanter trois fois la douce invocation : « Salut des infirmes, priez pour nous. »

Le 8 septembre approche : les travaux sont inachevés. L'architecte active, la chapelle et quelques pièces sont terminées à temps. Mais bénir un Asile vide de vieillards, cela n'est pas dans l'usage des Petites Sœurs. Quatorze sont reçus. Aussi, à l'arrivée de Mgr Darboy et de M. Lagarde, Secrétaire général, le 8 septembre 1864, à deux heures de l'après-midi, se trouvaient réunis pour le recevoir : M. le Curé de Saint-Laurent et un nombreux clergé, beaucoup d'invités et parmi eux les familles Labbé et Joriaux, des Petites Sœurs des autres maisons et nos quatorze bons vieux qui formaient une assistance respectable.

Mgr Darboy bénit la Chapelle et la Maison, exalta le bien que produit la charité, remercia les fondateurs et recommanda l'œuvre à tous.

Avant de se retirer, Monseigneur bénit la table des vieillards et le repas, don de M. le Curé, fut servi par lui et ses vicaires.

Telle fut la première fête de l'Asile.

Le lendemain, M. Lagarde, au nom de Monseigneur, célébrait la première messe, et M. le Curé la seconde. MM. Labbé et Joriaux assistaient à ces messes, offertes pour eux et leur famille, nous y priâmes beaucoup pour ces généreux bienfaiteurs.

Désormais nous étions installés chez nous, dit la chroniqueuse, probablement la Bonne Mère. Il s'agit de poursuivre l'œuvre du Bon Dieu, avec force, confiance et générosité.

En mère prudente, elle constate la situation, mais ne consigne que ces mots : les bâtiments, nouvellement construits, étaient évalués à 800.000 fr. Le compte qu'elle se fait en elle-même, sans le noter, n'est pas difficile à établir. En caisse 400.000 fr., dépenses 800.000 fr. ; déficit 400.000 fr. Cette lourde responsabilité, souci de tous les jours, sans doute, ne l'inquiète pas outre mesure. Cela c'est l'affaire de la Providence. D'ailleurs la Providence y a déjà pourvu, provisoirement du moins. M. Ernest Labbé d'abord, puis M. Joriaux, qui déjà ont demandé à leur fortune tout l'effort possible, ne craignent pas de mettre dans la balance leur crédit, ils se feront tour à tour les banquiers tout dévoués et complaisants de leur œuvre et attendront, eux aussi, l'heure de la Providence.

La bâtisse était le principal, mais l'ameublement était nécessaire.

Nos maisons de Paris vinrent à notre aide ; puis des paquets de linge, des ustensiles, des meubles arrivèrent et le mobilier se monta petit à petit. Les ouvriers du quartier prenaient déjà intérêt à la fondation et apportaient de petits dons. Dans un atelier voisin, les ouvriers se cotisèrent ; ils fabriquèrent une grande table et l'apportèrent à la maison sur leurs épaules, comme en triomphe et tout joyeux, demandant seulement en retour de visiter la maison.

Les élèves d'un pensionnat voisin unirent leurs bourses pour nous acheter un cheval ; et pour les récompenser, la Directrice les conduisit à la maison servir le repas des vieillards.

Mais que de peines et de fatigues exige une fondation! Il fallait déblayer, laver les appartements, organiser le matériel, les emplois, faire les courses. Et que de sacrifices sont cachés sous ce demi-aveu! Au début, bien des choses manquent : on éprouve sinon la pauvreté, du moins un peu de gêne : nous craignions ces sacrifices pour nos vieillards et que ce leur fut un préjudice pour s'habituer. Il n'en fut rien, grâces à Dieu. Les demandes étaient si nombreuses que nous pouvions satisfaire à peine à la dixième partie des solliciteurs. Nous avions déjà en octobre 50 vieillards, en novembre 60. La seconde année ce sera plus que le double et bientôt 240 vieillards qui composent l'Asile.

Mais le personnel augmentant, les besoins deviennent plus grands, plus pressants : le linge use vite, surtout avec des vieillards malades ou infirmes. Nous lisons qu'à deux reprises, M. l'abbé Duquesnay achète 5.000 fr. de toile, convoque l'élite de ses paroissiennes et leur fait confectionner draps, chemises, serviettes.

Un peu plus tard, c'est à la fois le vestiaire et la lingerie qui sont à court. M. le Curé apprend cette nouvelle détresse. Il n'en dit rien, ne pouvant fournir lui-même. Mais il fait insérer un article dans plusieurs journaux. L'effet fut prompt : 130 couvertures, 70 paires de draps et 1.500 francs d'argent. Tel fut le résultat inespéré de cet appel à la charité.

Mais le bâtiment, le mobilier et le vêtement ne suffisent pas encore : il faut vivre, et la quête est le moyen normal de la vie et de l'entretien d'une maison de Petites Sœurs. Il fallait donc, tout d'abord, organiser les quêtes.

Mais pour quêter, il faut connaître et être connu. Le crédit de M. le Curé aida puissamment, est-il écrit. Il ne manquait aucune occasion de plaider notre cause : il le faisait avec tant de bonté et d'ardeur que difficilement on lui résistait.

Dès lors nous n'étions plus des étrangères, et un groupe de bienfaiteurs se formait.

Les trois amis de la première heure, non contents de donner de leur fortune, voulant à tout prix que l'œuvre se développe, se donnent eux-mêmes, se soutiennent mutuellement et se dépensent tout entiers pour faire connaître l'œuvre et lui attirer de bienveillantes sympathies. Nous lisons, en effet : M. Ernest Labbé se multiplie pour servir la maison, pour préparer la voie aux quêteuses et quêter lui-même.

MM. Labbé et Joriaux ont donné la belle statue de saint Joseph, qui préside dans la cour d'honneur.

M. le Curé va la bénir solennellement. Il a invité sa paroisse. Il parle, tend la main et supplie les personnes présentes de laisser leur nom aux Petites Sœurs afin qu'elles aillent à domicile recevoir leurs dons.

Puis, pour étendre encore le rayon des connaissances et des sympathies utiles, viennent les sermons de charité, prêchés par M. le Curé de Saint-Laurent, à Bonne-Nouvelle, à Saint-Eugène, à Saint-Roch, à la Trinité. Pour ces sermons, MM. Labbé et Joriaux préparent et font eux-mêmes les invitations pour mieux en assurer le succès.

M. Joriaux se donne beaucoup de peine pour assurer le résultat du sermon de Bonne-Nouvelle. Et ailleurs : MM. Labbé et Joriaux s'occupaient très activement du sermon de charité que M. le Curé de Saint-Laurent devait donner à la Trinité ; son éloquence si goûtée attira beaucoup de monde et la quête fut très fructueuse... On sentait tellement combien M. le Curé avait à cœur cette œuvre que souvent on donnait à lui-même, afin qu'il eût le double plaisir, et de recevoir pour ses chers pauvres, et de leur porter lui-même ce fruit de son zèle et de sa charité.

De même, MM. Labbé et Joriaux profitaient des circonstances heureuses de leurs familles pour y faire participer les pauvres par de nouveaux dons.

En 1869, M. Joriaux fit son inventaire, lisons-nous encore. Étant très satisfait de la marche de ses affaires, il en témoigna sa reconnaissance à Notre-Seigneur en faisant la part des pauvres. Il nous apporta une très belle offrande : « Soyez prodigues envers Dieu et ses amis les pauvres, semble nous dire la Petite Sœur ; et vos affaires n'en marcheront que mieux. »

L'année terrible sépara un instant les amis.

M. Ernest Labbé, pour de graves raisons de famille, dut s'éloigner, après avoir veillé et contribué au bon approvisionnement de la maison.

M. Joriaux se montra, est-il écrit, la deuxième providence de la maison, en ces temps si difficiles, procurant les ressources, multipliant les démarches pour trouver et assurer les vivres devenues rares, ainsi que les autres provisions nécessaires.

L'œuvre sortit de l'année terrible et angoissante, mûrie et fortifiée par l'épreuve : c'était l'heure fixée par la Providence pour les douloureuses séparations.

La statue de Notre-Dame des Malades qui domine la chapelle avait été brisée par un obus. M. Joriaux fit don d'une nouvelle statue, que M. le Curé bénit le 20 octobre 1871. La cérémonie fut très pieuse et émotionnante. Les vieillards récitèrent un chapelet d'actions de grâces, auquel s'unirent très respectueusement les ouvriers. Mais ce devait être la dernière cérémonie présidée par M. l'abbé Duquesnay, Curé de Saint-Laurent.

Il venait d'être appelé à l'Évêché de Limoges. Nous le félicitâmes de son élévation à ce Siège épiscopal, dont il était digne à tous égards : mais nous perdions en lui un Père bien-aimé et un insigne bienfaiteur.

En janvier 1872, Mgr Duquesnay reçut la consécration épiscopale à Saint-Sulpice : il voulut que sa première visite d'Evêque fût pour son cher Asile. Il la fit complète, parlant à tous avec une touchante bonté. Avant de quitter Paris, Mgr Duquesnay voulut célébrer une dernière messe dans notre chapelle, et faire ses adieux à ses chers pauvres. En les quittant, le cœur du Père ne put se défendre d'une profonde émotion, et, comme le Sauveur, il pleura avec ses amis.

§ 2. — Faveurs divines.

La divine Providence ne se montra pas moins attentive que les hommes pour veiller sur ses enfants et les préserver de tout danger.

Notre-Dame des Malades présidait, du haut de la chapelle, aux destinées de l'œuvre. Saint Joseph, installé solennellement dans la cour d'honneur, devait, de par ses fonctions de protecteur et grand pourvoyeur, veiller à tous les besoins de la Maison et particulièrement acquitter la dette qui grévait si lourdement le budget. « Nous confions cette importante affaire au bon saint Joseph », avait dit la bonne Mère. Pour nous le rendre plus favorable et mieux mériter ses faveurs, nous désirions que le culte de ce bon Saint fût très en honneur dans la Maison. M. le Curé nous y aida beaucoup en nous donnant pour aumônier M. l'abbé Carrien, prêtre de la paroisse. Ce bon abbé était un dévoué serviteur de saint Joseph. Le mois de mars fut donc célébré avec une grande ferveur. Chaque soir, M. l'Aumônier venait présider l'exercice et communiquer à nos vieillards quelque chose de sa confiance envers le bon Saint. Il réussit si bien, qu'une bonne vieille, affligée d'un mal cancéreux au nez, mal qu'elle soignait en vain depuis longtemps, ne craignit pas de demander un miracle à saint Joseph. Chaque jour elle se faisait très pieusement des onctions sur le mal, avec l'huile de la lampe qui brûlait devant le modeste autel du bon Saint. Et, de fait, tout le monde remarqua à la place de l'endroit cancéreux qui la défigurait, une cicatrice très saine.

Une guérison bien meilleure encore, continue la chronique, fut celle de son âme. Gloire et amour donc à tout jamais à saint Joseph ! Désormais la connaissance était faite, entre le Père nourricier et ses enfants. Le cours des faveurs ne sera plus interrompu. Saint Joseph ne manquera jamais de signaler sa fête par de nouveaux dons. En 1866, une bonne bienfaitrice perdit son mari. En souvenir du défunt, et pour attirer la miséricorde divine sur son âme, elle résolut de faire une large aumône. Dans sa famille, un membre influent plaidait en faveur de l'assistance publique ; mais elle préférait donner aux Petites Sœurs. Saint Joseph fut invoqué avec ferveur pour faire pencher la balance en notre faveur. Et bientôt, Mme Gosset nous apportait 50.000 francs sans réserves ni conditions. Nous prions bien, est-il dit, pour cette généreuse bienfaitrice et à toutes ses intentions. Saint Joseph s'acquittait déjà de son office.

En 1867, un grand incendie faillit amener une irréparable catastrophe et la destruction complète de l'œuvre. La nuit qui précéda la Pentecôte, nous fûmes réveillés par les lueurs d'un incendie terrible et tout près de nous. Le chantier de scierie-menuiserie qui longe l'asile au midi est en feu. Des flammes longues, terrifiantes nous environnent de toutes parts et avancent rapidement vers la chapelle. M. le Curé et ses vicaires avertis arrivent les premiers pour nous porter secours. Déjà les fenêtres de la chapelle prennent feu. M. l'Aumônier s'inquiète alors du Saint-Sacrement et fait consommer les saintes espèces. Comme il arrive souvent en pareilles occasions, des vauriens profitèrent de l'émoi général causé par le sinistre pour pénétrer de force dans la maison, sous le prétexte de porter secours, mais, en réalité, pour dérober le plus possible. Malgré ce qu'ils firent pour nous effrayer, chacune de nous resta à son poste. Notre fermeté déjoua leurs complots, et la police arrivant enfin les fit évacuer. Cependant tout flambait autour de nous, l'incendie dévorait les maisons environnantes. A sa lueur, nous nous occupions de la sûreté de nos pauvres infirmes qui furent transportés dans les cours des voisins. Pendant ce temps, le service des pompes s'était enfin établi et fonctionnait. A cinq heures du matin, un bien triste spectacle s'offrait à la vue, mais tout danger avait disparu. Notre maison était bouleversée, plusieurs appartements avaient souffert du feu, mais nous n'avions qu'à bénir le bon Dieu de nous avoir si miraculeusement gardées. Nous n'avions ni morts ni blessés ; à peine deux ou trois vieillards malades de peur ou d'émotion trop violente.

Dieu, en effet, avait bien gardé miraculeusement le personnel et la maison. Humainement parlant, il était impossible, en effet, de s'expliquer pourquoi l'incendie n'avait pas tout détruit et comment le feu s'était arrêté. Seule une intervention divine pouvait l'expliquer. Aussi bien volontiers nous croyons le seul témoin oculaire qui nous reste et qui, en le racontant, paraît voir encore l'image du bon saint Joseph, appuyée contre un pan de mur de la pharmacie, où le feu déjà exerçait ses ravages, et qui offrait encore à l'incendie un aliment facile ; mais, contre toute prévision, le feu respecta l'image vénérée ; il s'arrêta impuissant devant elle, il recula, et parut, dès lors, n'avoir plus aucune action sur cette maison placée sous la protection de ce grand Saint. Si la chronique reste muette à ce sujet, nous avons du moins l'attestation formelle et indiscutable de la conviction intime de tous, dans cet ex-voto placé à l'entrée de la chapelle et libellé en ces termes : « Dans la nuit du 8 au 9 juin 1867, cette chapelle et tout l'établissement ont été providentiellement préservés d'un incendie qui devait tout anéantir. Actions de grâces à Dieu notre Père, par Notre-Dame des Malades et saint Joseph, nos Patrons. »

M. le Curé ne voulut pas quitter ses enfants sous le coup d'une si grande émotion. Malgré la solennité de la Pentecôte, il célébra avec eux et pour eux, une messe d'action de grâces. Il ne les quitta, rassurés et réconfortés, que pour aller une fois de plus plaider leur cause dans son église. Son appel fut entendu, il en résulta d'abondantes aumônes.

Bien plus, cet accident, qui aurait pu être une terrible catastrophe, tourna à notre avantage et au bien de nos vieillards. M. le Curé remarqua derrière la chapelle un terrain inoccupé et qui pourrait devenir un superbe lieu de promenade et récréation pour nos vieillards. « Il faut l'acheter », dit-il à la Bonne Mère. Mais le prix était élevé et le budget trop obéré. « Achetez quand même, dit-il, je le paierai. » Et le marché fut conclu au prix de 100.000 francs. Ce nouveau témoignage de suprême intérêt de M. Duquesnay pour notre maison nous toucha profondément et augmenta encore la grande reconnaissance que nous avions pour ce saint prêtre.

Nous passons en octobre 1869.

Il y eut alors un moment de grande détresse. Le nombre des Pauvres a été augmenté : 240 ; les quêtes sont peu fructueuses, cependant il faut vivre et payer les notes courantes, il reste en caisse 50 francs. Malgré tout, écrit la Petite Sœur, nous ne songions à rien autre chose qu'à préparer un dortoir, pour recevoir d'autres pauvres. Dieu ne résiste pas à de tels moyens. Cette charitable témérité toucha la Providence au point qu'on put payer une partie de la dette. Deux dames envoyèrent une aumône, l'une de 2.000, l'autre de 1.500 francs. Mais, ô agréable surprise de la Providence! des personnes dont nous ne pûmes jamais savoir le nom versèrent leur fortune dans le trésor de la charité et nous donnèrent 86.000 fr. avec cette seule destination de diminuer la dette.

Laissons passer les années de trouble et d'angoisse et rapportons seulement ce fait que nous trouvons relaté avec soin : Nos cinq maisons de Paris avaient été éprouvées par la guerre et la Commune; mais ici, comme dans les autres maisons, il n'y avait eu aucune victime causée directement par elles. Nous remarquâmes que tout ce qui, dans nos environs, était consacré à saint Joseph avait été préservé : la paroisse Saint-Joseph, la mission Saint-Joseph des RR. PP. Jésuites, purent continuer le culte, plus ou moins ostensiblement, même aux plus mauvais jours. Les Petites Sœurs, en reprenant leurs quêtes, constatèrent avec bonheur que tous nos bienfaiteurs avaient été épargnés. Saint Joseph avait étendu sa main puissante et protectrice sur nos bienfaiteurs et protecteurs. Gloire à saint Joseph!

Relatons enfin à la louange de saint Joseph ce dernier trait; il date de 1873.

Dans les premiers jours de janvier, un monsieur, intermédiaire d'un homme riche et charitable qui jamais ne voulut se faire connaître, demanda la Bonne Mère au parloir et lui remit 20.000 francs, demandant seulement quelle somme restait due sur la maison : 63.000 francs environ. Ce charitable souci laissait soupçonner les meilleures intentions et nous fit redoubler nos prières à saint Joseph. Quelques semaines plus tard, ce même intermédiaire revenait apportant 65.000 francs, somme qui nous libérait complètement de toute dette. Il serait difficile de dire la reconnaissance de nos cœurs envers Dieu et saint Joseph, et aussi pour ce généreux bienfaiteur qui voulut garder tout le mérite de sa bonne action.

§ 3. — Dévouement et héroïsme des Petites Sœurs.

Armée et 1870-71. — Nous avons dit comment les quêtes en espèces, principale ressource de la maison, furent assurées grâce au crédit, au zèle et aux charitables industries des trois fondateurs.

Les quêtes en nature, grande ressource aussi, en profitèrent dans la même mesure. Mais tout d'abord elles furent bien peu abondantes. Les Petites Sœurs durent s'adresser aux casernes pour en obtenir les soupes, ce qui leur fut accordé avec bienveillance. Le colonel proposa même de donner un concert militaire dans la maison. M. le Curé fit, de ce divertissement, une fête religieuse. Le concert eut lieu, l'année de la fondation, le jeudi après Noël, dans une grande salle encore inhabitée. M. le Curé avait tout prévu et fait les invitations utiles. De la salle du concert, on passa à la chapelle. M. le Curé fit une allocution bien sentie, et l'effet se traduisit aussitôt par d'abondantes aumônes.

Cette intervention de l'armée ne devait pas rester isolée dans la vie de la maison. Dès nos premiers revers en 1870, nos Petites Sœurs, non moins bonnes Françaises qu'excellentes Religieuses, malgré le nombre de leurs vieillards, 240, se hâtèrent de disposer une ambulance de 25 lits.

Pour faire évacuer Paris le plus possible, on jetait l'alarme de tous côtés. Sur l'avis de Mgr Darboy, et avec la permission des Supérieurs, on donna la liberté à nos vieillards de se retirer dans nos maisons de province. Tous refusèrent d'abord ; mais les bruits les plus alarmants jetèrent l'effroi, et quatre-vingts se décidèrent. Cette séparation fut pour nous un vrai sacrifice, mais c'était sans doute la volonté de Dieu pour nous faciliter l'exercice de la charité patriotique. Nous commençâmes par prêter 25 lits complets à M. le Curé de Saint-Laurent qui avait dressé une ambulance dans la chapelle des catéchismes. Nous en dressâmes nous-mêmes une de 80 lits environ. Nous priions de tout notre cœur pour notre malheureuse patrie ; nous nous efforcions de ne commettre aucune faute volontaire, de nous dévouer entièrement afin de réparer et de satisfaire à la justice de Dieu. Nos bons vieillards, non contents de prier, s'imposèrent le sacrifice de leurs petites récréations habituelles. Paris fut cerné : les blessés arrivèrent, nous en eûmes bientôt 75. La Providence fut admirable pour nous : nous trouvions des ressources. C'était miracle comment nous pouvions entretenir aussi confortablement et vieillards et blessés. Il est vrai que ce n'était pas sans peine ; il fallait se multiplier, soit la nuit pour veiller les malades, soit le jour pour chercher la nourriture ; ce n'était qu'au prix de mille difficultés surmontées qu'on y parvenait.

Plus privilégiées que beaucoup d'autres, cependant, ce nous fut un bonheur de venir au secours des pauvres du voisinage, de nos autres maisons, et, parfois, des Sœurs de Saint-Vincent-de-Paul du quartier.

Les fatigues étaient grandes et prolongées, la saison, d'une rigueur extrême, le chauffage manquant, augmentait les souffrances ; d'autre part, le cœur était oppressé par les maux qui accablaient la patrie. Plusieurs Petites Sœurs tombèrent malades. Le bombardement de la ville augmenta ces douleurs. La maison de Notre-Dame-des-Champs, plus éprouvée, dut être évacuée, et nous recueillîmes une centaine de vieillards tout éplorés. Nous prodiguâmes nos soins à tous. Mais quelle misérable hospitalité ! Des matelas sur le plancher, du pain, noir comme de la terre, presque immangeable, le reste de la nourriture souvent insipide : voilà ce dont on se trouvait encore heureux de n'être pas privés comme tant d'autres.

Enfin la paix est signée. Les vieillards de Notre-Dame sont rentrés chez eux ; les nôtres, revenus de province. A la maison, un certain nombre de vieillards sont morts de privations ; les autres sont languissants ; mais les vivres circulent, la belle saison arrive, l'espoir renaît dans les cœurs. Hélas ! le calme dure peu ; le 18 mars, la révolte gronde dans Paris : c'est la Commune. Il faut prendre des mesures de sûreté : une retraite est donnée à nos vieillards, et tous font leurs pâques. Après cela, à la garde de Dieu !

Les Petites Sœurs, trop fatiguées, partent pour la maison-mère ; il en reste 14 pour veiller sur 200 vieillards environ et sur l'ambulance réduite alors à 10 malades, tous enfants de la Bretagne et heureux de se trouver chez nous. Les autres, guéris ou convalescents, ont regagné leurs régiments ou sont rentrés chez eux.

La Semaine Sainte voit des horreurs sans pareilles :

Notre saint et vénéré Archevêque arrêté et jeté en prison, les églises envahies et profanées, les prêtres emprisonnés ou obligés de se cacher.

Un de nos prêtres auxiliaires vint alors à l'asile, assurer le service religieux. Obligé de quitter la soutane, il prit l'habit et les fonctions de jardinier. Il joua son rôle avec tant de simplicité et de naturel, qu'il ne fut pas reconnu, même des vieillards de la maison. Si bien que, le danger disparu, quand, le matin de la Pentecôte, nos vieillards le virent monter à l'autel pour dire la Sainte Messe, ils en éprouvèrent une surprise extrême, et l'un d'eux ne put retenir ce cri de profonde stupéfaction : « Tiens, voilà Baptiste qui dit la messe, maintenant. »

Grâce à ce stratagème, la plus grande des consolations nous resta tout le temps. Comme jadis aux Catacombes, nous nous réunissions dès le matin pour assister à la sainte messe, et le jardinier du bon Dieu nous donnait la sainte Eucharistie. Réconfortées par ce pain des forts, nous retournions alors au travail sans crainte aucune.

Une perquisition. — Un jour, deux agents de la Commune vinrent faire une perquisition : notre seule crainte était pour nos dix soldats ; ils n'avaient aucune pitié à espérer ; reconnus, ils seraient fusillés. Vite, ils se jettent sur leurs lits, sont couverts, dissimulés, vieillis et grimés en quelques instants. La crainte si légitime d'être découverts les rend assez semblables à des fiévreux, que peut-être il ne serait pas prudent d'approcher de trop près : ils passent pour les malades de la maison. Les agents visitent tous les coins et recoins de l'Asile, cherchant visiblement des armes ; ils sont déçus. Arrivant au réfectoire des infirmes à l'heure du repas, quand les Petites Sœurs font manger les malades, ils s'arrêtent étonnés devant ce tableau auquel ils ne sont guère habitués ; puis, soudain, font volte-face et sortent tout autres qu'ils ne sont entrés.

Le danger persiste.

Nous étions les seules religieuses restées sur la paroisse. Une première fois, le bruit se répand qu'on va nous chasser : grand émoi dans la maison ; mais il n'en fut rien. Confiantes en Notre-Dame et saint Joseph, nous restions calmes.

Cependant il fallait vivre ; nous continuions à sortir un peu pour quêter dehors. Mais quels sujets de craintes et de légitimes alarmes souvent ! Cependant personne ne nous tracassait. Un jour, la Petite Sœur rentre chargée de deux lourdes bassines. Un homme, à figure de diable, dit-elle, l'aborde : « Ma Sœur, vous paraissez bien fatiguée. » Et certes, elle l'était, la pauvre ! « Voulez-vous que je vous aide à porter quelque chose ? » Que faire ? Refuser est peut-être dangereux. « Bien volontiers, mon bon monsieur, vous me rendrez un grand service, » dit la Sœur. Et le bon diable, qui ne payait pas de mine, de prendre les deux bassines et de les porter jusqu'à la maison, avec beaucoup de respect, est-il écrit.

En mai, Paris ferme de nouveau ses portes. L'armée de Versailles s'avance. Le bruit du canon retentit douloureusement dans tous les cœurs honnêtes ; cette fois, les coups sont dirigés contre des frères. Dans Paris, on ne rencontre plus que des figures sinistres d'hommes, de femmes effarées, la menace à la bouche, contre tout ce qui rappelle la religion. Le 21 mai, à 8 heures du soir, on vint nous prévenir que le Comité a décrété la suppression des églises et des couvents, que les vieillards eux-mêmes n'ont pas trouvé grâce et que le lendemain on viendrait nous expulser. Que faire ? Rien autre chose que prier. La Bonne Mère fait une promesse à Notre-Dame des Victoires : une communion générale des Petites Sœurs à son sanctuaire, si la menace reste vaine ; et un chemin de croix par tout le personnel en faveur des âmes du purgatoire, si nous sommes préservés d'incendie.

La nuit même, tout Paris court aux armes. Les troupes de Versailles entrent dans la capitale qui devient un champ de bataille et un immense foyer d'incendie. Notre quartier résista le plus longtemps. Pendant quatre jours, nous fûmes entre deux feux : les rebelles tirant des Buttes-Chaumont et du Père-Lachaise, et les troupes régulières, de Montmartre. Ils se bombardaient vigoureusement : les projectiles passaient sur nos têtes, sifflant et se croisant. De tous côtés, les foyers d'incendie se multiplient. les flammes s'élèvent, immenses, terribles. Un obus passe près d'une Petite Sœur et renverse tout ce qui l'entoure. Un autre abat un mur, près de huit vieillards. Aucun n'est atteint. La Bonne Mère, qui veille à la sécurité de tous, fait alors descendre tout le personnel dans les caves ; et nos dix soldats convalescents aident beaucoup à ce nouvel aménagement, comme déjà ils nous aident et suppléent dans la garde de jour et de nuit qu'il convient de faire contre l'incendie toujours à craindre.

Le personnel en sûreté, la Bonne Mère essaye de préserver la maison elle-même et de la protéger contre le fer et le feu au moyen de matelas. Mais comment les fixer? La ficelle manque. Là, nous racontons d'après un témoin oculaire : « Sœur Pauline, dit la Bonne Mère, prenez avec vous une bonne vieille et allez vite nous quêter de la ficelle — Oui, ma Bonne Mère. »

Sœur Pauline va chercher sa compagne d'occasion ; mais aussitôt on se récrie : Mais c'est impossible, vous allez être tuée. On va vous arrêter. Vous ne reviendrez pas. — La Bonne Mère l'a dit, j'y vais. — Vite, une se décide et part avec la Petite Sœur. Arrivée rue Lafayette, Sœur Pauline, qui veut aller en face de l'église Saint-Joseph des RR. PP. Jésuites pour trouver ce qu'elle cherche, aperçoit, à la hauteur du croisement de la rue Lafayette et du faubourg Saint-Martin, une barricade autour de laquelle tournent et gesticulent de sinistres individus. Que faire? Retourner en arrière, rentrer sans ficelle? elle n'y songe même pas. La trouver ailleurs? impossible, ce serait trop loin. Alors elle avance, son cœur commence à battre, dans sa poitrine, un mouvement accéléré qui l'inquiète. Elle rase les maisons, se fait aussi petite que possible et prie avec ferveur. Elle va passer la barricade, quand une main rude s'abat sur son épaule, et une voix brutale tonne : « Citoyenne, il faut mettre un pavé à la barricade. » Sœur Pauline est devenue aussi blanche que sa cornette. Mettre un pavé à la barricade, elle! Je ne voulais pas, dira-t-elle plus tard, j'aurais cru faire un péché. Alors elle lève un regard angoissé vers le communard, qui paraît surpris et retire sa main. Sœur Pauline en profite, semble n'avoir rien entendu ni rien compris et traverse au plus vite le dangereux endroit. Elle arrive bouleversée chez son marchand. Jusqu'à ce jour il ne lui a rien donné. Mais, à la vue de la Petite Sœur, il s'empresse, s'informe des motifs de son émotion et de suite lui donne gracieusement tout ce dont elle a besoin. A peine remise, Sœur Pauline, chargée de son précieux butin, songe au retour. Quel chemin prendre? Un autre sera-t-il plus libre? Moins dangereux? D'ailleurs le temps presse et le plus court doit être le meilleur. Allez *vite*, a dit la Bonne Mère. La Petite Sœur, sans hésiter, s'avance de nouveau vers la barricade; son cœur bat bien fort, mais elle appelle tout le paradis à son secours et passe bien vite, sans regarder ni à droite, ni à gauche. Personne n'a rien dit. Les balles et les obus, qui sifflent et éclatent çà et là, ne l'excitent qu'à aller plus vite préserver sa chère maison.

Elle arrive, pousse un gros soupir de soulagement et se met à la besogne. Le travail avance, mais non sans danger. Sœur Pauline vient d'appliquer du mieux possible un nouveau matelas, quand un sifflement plus strident déchire l'air, bruit de vitres brisées, de bois qui éclate; le matelas est repoussé et Sœur Pauline voit près d'elle une bombe, un vrai pain de sucre, dit-elle, tournant, perforant le parquet, lançant à la ronde des étincelles, et qui soudain disparaît dans une petite pièce à côté : le vestiaire des Petites Sœurs, où elle éclate avec un bruit épouvantable. Le feu est au vestiaire, une fumée épaisse remplit les pièces. Partout dans la maison on a entendu la bombe éclater, on voit la fumée, on se précipite en disant : « La Petite Sœur est tuée. » On ne la trouve pas, en effet : l'obus a dû la réduire en miettes, la pulvériser, il n'en reste pas trace, certainement elle est morte. « Mais non, je ne suis pas morte, » dit une voix bien connue. C'était Sœur Pauline qui gisait sous un lit où l'avait jetée l'air ébranlé par l'éclatement de la bombe; c'était Sœur Pauline qui, avec d'affreux bourdonnements dans la tête, était en train de se reconnaître et de chercher, en se palpant, si elle était bien encore de ce monde et en quel endroit elle pouvait bien se trouver. Sortie de sa cachette, elle se lève, elle marche, elle n'a même pas une égratignure. Le feu éteint, elle va trouver la Bonne Mère pour lui rendre compte. « Vous n'êtes pas blessée, dit la Bonne Mère, c'est bien, ma fille : allez remercier le bon Dieu; et puisque les boulets passent quand même, vous irez ensuite retirer les matelas et ouvrir toutes les ouvertures : ce n'est pas la peine de laisser briser les carreaux et les fenêtres inutilement. Vous veillerez contre l'incendie. »

« Moi qui avais eu tant de peur, nous disait en riant Sœur Pauline, je croyais que la Bonne Mère allait me plaindre un peu; mais elle avait bien autre chose à faire! » Et Sœur Pauline, ayant remercié le bon Dieu, qui l'avait si bien gardée, s'en alla recommencer sa dangereuse besogne, mais à l'envers cette fois, et continuer sa faction contre l'incendie possible.

Actions bien simples à la vérité, pas même exemptes de cette crainte naturelle en face du danger, dont certains héros, que nous admirons, ont pu se libérer; actions dont l'auteur ne resterait pas insensible à une parole d'approbation et d'encouragement. Notre Petite Sœur n'a rien de l'audacieux fanfaron qui se joue du danger et dont la témérité nous plaît : non, Sœur Pauline s'avoue même une timide. Une timide, soit; mais, en tout cas, une timide qu'aucun obstacle, aucune difficulté, aucun danger, devant un devoir à accomplir, n'a jamais arrêtée. Une timide qu'aucune menace n'eût pu faire agir contre sa conscience : les communards pouvaient l'adosser à leur barricade et la menacer du canon de leurs fusils si elle refusait d'ajouter un pavé à leur œuvre de révolte; jamais, nous en sommes certain, Sœur Pauline n'eût effleuré ce pavé, même du bout du doigt, persuadée qu'elle ne pouvait le faire sans offenser Dieu.

Cette vertu simple, forte, mais sans éclat, caractérise bien la vertu de nos Petites Sœurs; elles n'en recherchent pas d'autre, celle-là leur suffit. Sœur Pauline, il est juste de le dire, n'est pas un sujet rare et d'exception parmi elles, elle n'est que l'une d'elles : ce qu'elle a fait, toutes l'eussent fait et sont disposées à le faire, dans les mêmes circonstances; et je suis bien certain qu'en m'entendant rendre justice à ses compagnes, Sœur Pauline me pardonnera plus volontiers tout le mal que j'ai pu dire d'elle.

Mais continuons. Le parti de l'ordre gagnait cependant, lisons-nous; heureusement l'armée approchait. Il était temps, nous étions gravement menacées cette fois. La Commune, sentant la partie perdue pour elle, se vengeait sur des innocents, massacrant les otages, mettant tout à feu et à sang. Le samedi, veille de la Pentecôte, un ami de la maison, ami d'enfance d'un des principaux chefs de la Commune, informé de de leurs desseins, envoya prévenir la Bonne Mère que la Commune avait résolu de faire prendre les Petites Sœurs le lendemain, à la première heure, pour les conduire au Val-de-Grâce et les exécuter de suite, avec un groupe de Sœurs de Saint-Vincent-de-Paul. La Bonne Mère ne jugea pas à propos d'avertir ses compagnes. Elle espéra et se confia à la Providence. Mais, revenant du parloir pour réciter l'office en commun, à la vue de ses chères filles, dont elle avait la responsabilité, elle ne put contenir son émotion. Son livre s'agitait tellement devant ses yeux éblouis, qu'une autre dut la suppléer. D'où, à la récréation, force questions, qui n'obtinrent d'autre réponse : « Priez bien, mes Sœurs, et confiez-vous bien à la Providence. Tout espoir n'est pas perdu. Espérez quand même. » — « Ce doit être grave, cette fois, » se dirent les Petites Sœurs.

Le lendemain, jour de la Pentecôte, on frappait à la porte à coups redoublés. C'était l'heure annoncée. Etait-ce l'heure fatale? En tout cas cette heure mettait un terme, pour la Bonne Mère, à une longue nuit de prières et d'angoisse. Maintenant elle est calme, prête à faire son devoir, et donne l'ordre d'ouvrir. Elle en croit à peine ses yeux et demeure un instant interdite. C'était un détachement de l'armée de Versailles qui amenait à l'ambulance deux de ses blessés. Le quartier, enfin réduit, avait été occupé le matin même.

Quelle explosion de joie et d'actions de grâces !

C'était bien l'armée libératrice. Le Ciel l'envoyait pour mettre un terme à leurs maux et leur indiquait assez par ces deux blessés, que cette délivrance était le prix des soins dévoués qu'elles avaient prodigués à leurs frères, aux nôtres, à nos chers soldats.

La Bonne Mère, n'ayant plus aucune raison de se taire,

fit connaître aux Petites Sœurs l'imminent danger auquel elles venaient d'échapper. Plusieurs, dit-on, restèrent songeuses, en apprenant, non sans regret sans doute, que les palmes du martyre étaient passées si près d'elles. Mais toutes se remirent bien vite à cette simple réflexion : « Et nos pauvres vieux, que seraient-ils devenus ? » Dieu les avait envoyées ici pour prendre soin de leurs vieillards ; et non pour se permettre, un jour, une promenade matinale vers le Val-de-Grâce, sous la conduite de suppôts du diable, afin d'y cueillir une palme, si belle, si glorieuse soit-elle, et dont elles peuvent se passer. Il n'y a pas seulement le martyre du sang, il y a aussi le lent martyre de la charité : la longue abnégation de toute une vie, qui se passe sans aucune recherche de soi, dans le don continuel et détaillé de soi ; d'une vie qui n'est qu'une longue et lente agonie, une mort qui se prolonge, un martyre qui traîne. Celui-là doit leur suffire.

Nous avons fini, Éminence, trop longtemps nous avons abusé de vos précieux instants et de la bienveillante attention de tous.

Mais quand nous songeons que de tels sacrifices sont offerts constamment à Dieu par des milliers de Petites Sœurs, pour la gloire de l'Église et le salut de la Patrie et qu'ils viennent s'ajouter à cet Océan réparateur et libérateur formé goutte à goutte par tous les sacrifices de nos glorieux missionnaires, de nos religieux et religieuses persécutés ; quand nous pensons aux luttes héroïques entreprises et si vaillamment soutenues, par nos chrétiens, nos prêtres et nos évêques, pourrions-nous ne pas espérer chaque jour davantage ?

Enfin, au souvenir des prières et des larmes de Marie pour son royaume de prédilection ;

A la pensée des ineffables promesses du Sacré-Cœur de Jésus qui veut régner sur nous ; et, par nous, triompher dans le monde : — au souvenir des gloires passées et à la pensée des gloires promises ;

Pourrions-nous jamais trop répéter ce cri de reconnaissance et de suprême espoir :

Vive le Christ qui aime les Francs !

La fin de ce long rapport fut accueillie par d'unanimes applaudissements. Tous l'avaient suivi avec un intérêt très vif et très marqué ; tous avaient été touchés par ces traits de magnanime générosité, d'interventions divines, miraculeuses ; plus encore sans doute par ces révélations de suprême dévouement, de véritable héroïsme de nos chères Petites Sœurs pendant ces longs mois de la terrible épreuve 1870-71 ; aussi tous étaient heureux d'y applaudir et de les glorifier par ces marques de sincère et joyeuse admiration.

Quand ces applaudissements eurent cessé, Son Éminence se leva, et le plus religieux silence s'établit aussitôt. Tous, nous l'avons dit déjà, étaient avides de l'entendre : et malgré l'heure avancée, malgré la fatigue de cette longue séance, nul ne songeait à se retirer ; tous les regards étaient rivés sur le vénéré Cardinal. Manifestement il veut être court, ses premières paroles l'indiquent clairement : et maître absolu de ses pensées et de ses paroles, il le sera. Mais aussi, en véritable maître de l'éloquence, il saura condenser et rappeler en quelques paroles tout ce qui a été dit de plus intéressant et de plus frappant. Il saura de même, avec un à-propos et une délicatesse extrêmes, tirer les conclusions de cette belle fête de la charité : Reconnaissance, confiance. Nous sommes heureux de pouvoir reproduire les paroles mêmes tombées des lèvres de Son Éminence, recueillies séance tenante et sauvées de l'oubli par une main amie et experte.

ALLOCUTION

prononcée par

Son Éminence le Cardinal AMETTE

à l'occasion du Cinquantenaire

de l'Asile des Vieillards de Paris - Saint - Laurent

De longues paroles seraient plus que superflues à cette heure, après que nous avons entendu, avec autant d'intérêt que d'émotion, le chapitre d'histoire, histoire toute pleine de miracles avec des pages d'héroïsme, que nous a lues M. l'Aumônier. Aussi, me bornerai-je à faire écho à sa voix en répétant sa conclusion qui se résume en ces deux mots : Reconnaissance et confiance.

Reconnaissance à la Providence dont l'action a été si constamment visible dans l'histoire de cette maison. L'histoire de cette maison : elle commence par un miracle (et ce miracle n'a pas été d'un jour, puisque nous avons le bonheur d'en voir sous nos yeux le bénéficiaire), la guérison d'un fils très aimé, obtenue par la foi généreuse d'un père, au prix d'une promesse dont nous voyons la réalisation. Ce fils, Dieu ne l'a pas guéri pour un peu de temps, il l'a guéri pour une longue vie qui n'est pas encore à son terme et nous avons eu la joie de voir tout à l'heure à ses côtés et ses enfants et ses petits-enfants.

A ce miracle de bonté de la part de Dieu, répondant à la prière d'un père en détresse, s'est ajouté, à toutes les pages de cette histoire, le miracle de la charité.

Ce miracle, votre père à vous, cher Monsieur Joriaux, comme son ami, en a été, je dirai volontiers, l'agent ; et à ces deux bienfaiteurs insignes est venue se joindre l'action apostolique de ce grand curé de Saint-Laurent, devenu plus tard un grand évêque qui, depuis les premiers jours jusqu'aux derniers de ceux qu'il lui fut donné de passer dans cette capitale, ne cessa de prodiguer à cette maison les témoignages de sa bonté pastorale et de son admirable dévouement.

Et avec ce grand miracle de charité, la Providence en a suscité une multitude d'autres ; vous venez de rappeler les principaux, Monsieur l'Aumônier, et avec vous, nous remercions Dieu comme nous allons le faire tout à l'heure à la chapelle dans notre salut d'actions de grâces. C'est Lui qui a su susciter tant de généreux bienfaiteurs connus ou inconnus (inconnus des hommes, mais connus de Lui) : nous édifier cette maison et nous la soutenir. C'est Lui qui a su aussi inspirer le dévouement de ces chères Petites Sœurs qui depuis cinquante ans se sont consacrées au soulagement de tant de souffrances et au salut d'un si grand nombre de malheureux.

C'est un miracle, celui-là aussi, et non pas le moindre, ce dévouement obscur de chaque jour et de chaque nuit des Petites Sœurs qui se font (vous l'avez si bien dit, vous, mon ami, qui avez parlé au nom de tous vos camarades), qui se font et mères très tendres et sœurs très délicates et très dévouées.

Sœur Pauline ne me démentira pas, je crois, si je dis que Dieu a fait pour elle aujourd'hui un petit miracle : On me l'avait présentée comme ayant l'oreille dure et un peu fermée, et je crois qu'elle a entendu tout ce qu'a dit M. l'Aumônier et tout ce que je dis. Eh bien! elle ne me démentira pas non plus si je dis que, pour exercer pendant cinquante ans ce dévouement de jour et de nuit, il faut encore plus de courage que pour passer à travers les barricades et aller chercher de la ficelle sous les yeux des communards.

Eh bien! tous ces miracles, c'est l'amour de Notre-Seigneur Jésus-Christ qui les a accomplis, et voilà pourquoi nous répétons avec vous, Monsieur l'Aumônier, le cri par lequel vous avez voulu débuter et finir : « Vive Jésus-Christ! Vive le Christ qui aime les Francs! » et qui, comme vous l'avez chanté tout à l'heure, ne laissera pas périr la France parce qu'elle pratique toujours la charité.

« Vive le Christ ! » qui, entre tous ses enfants, aime plus que tous les autres ceux qui souffrent davantage, qui sont plus pauvres, plus malheureux et, par suite, ont avec lui un trait de ressemblance plus étroit et plus intime. « Vive le Christ! » qui leur témoigne son amour en mettant cet amour dans tant de cœurs, dans tant d'âmes religieuses et chrétiennes, qui entourent la vieillesse, la souffrance, la mort de ces pauvres délaissés de tant de soins touchants et de générosités inlassables.

Eh bien! c'est de tout cela que nous le remercierons ensemble : et nous lui dirons non seulement notre reconnaissance, mais aussi notre confiance. Un passé comme celui dont vous venez d'entendre l'histoire est la garantie de l'avenir. Les dons de Dieu sont sans repentance; et quand Il a commencé de favoriser une œuvre de ses grâces, quand, pendant un demi-siècle, Il l'a entourée de tant de marques de sa bonté, de sa protection, Il ne peut pas l'abandonner, Il ne l'abandonnera pas.

Et vous en avez eu d'ailleurs, chères Petites Sœurs, et vous aussi, mes chers amis hospitalisés dans cet asile, un gage de plus aujourd'hui dans l'empressement de tous ces bienfaiteurs, depuis les aînés jusqu'aux plus jeunes, si heureux de venir en cette belle fête vous témoigner leur intérêt en vous servant eux-mêmes à vos tables et en se faisant pour une heure les émules des Petites Sœurs auprès de vous.

Oui, Notre-Seigneur Jésus-Christ continuera d'entourer cette maison de sa prédilection : il continuera de la couvrir de sa protection; il continuera de mettre au cœur des Petites Sœurs cette charité tendre, dévouée, qui est comme le rayonnement de son amour. Il continuera de leur susciter des auxiliaires dans tous ces chrétiens qui seront heureux, à l'exemple de ceux dont on vient de rappeler les libéralités, de fournir aux Petites Sœurs les moyens d'exercer leur dévouement. Je ne dis pas qu'il continuera d'envoyer des vieillards dans cette maison, car, vous le savez bien, quoi qu'on dise et quoi qu'on fasse, il y aura toujours plus de demandes qu'on ne pourra recueillir de personnes dans les asiles des Petites Sœurs des pauvres.

Il continuera aussi de maintenir, en vous, qui bénéficiez de ces bienfaits, les dispositions de reconnaissance, de docilité, de patience qui sont la joie et la consolation de vos Petites Sœurs. Vous avez été un peu sévère, vous qui m'avez adressé la parole, envers ceux et celles qui partagent ici votre vie, lorsque vous avez dit que le dévouement de vos Petites Sœurs est sans douceur et sans consolation. Eh bien ! non, vous vous êtes trompé et je suis sûr qu'en vous entendant elles protestaient. Elles sont très heureuses à votre service, et si quelqu'un voulait les plaindre, vous pouvez être certains qu'elles repousseraient bien fort cette compassion. Elles sont si heureuses de consacrer leur amour et leur vie à Jésus-Christ.

Donc, confiance non moins que reconnaissance. Vous justifierez cette confiance, Mesdames et Messieurs, en continuant à vous montrer généreux. Sœur Pauline a toujours quêté et quêtera, jusqu'à la fin de ses jours ; et dans la paroisse de Saint-Laurent, et dans les paroisses voisines, on lui fera toujours le même accueil empressé.

Et vous, mes chers amis, vous offrirez pour vos bienfaiteurs vos prières, vos souffrances, vos peines. Si vous êtes fidèles à prouver de cette manière votre gratitude, soyez sûrs que les rôles seront renversés et que ceux qui devront le plus de reconnaissance, ce ne sera pas vous, mais nous. Il est plus heureux de donner que de recevoir ;

nous qui sommes venus vous servir, nous avons joui de cette fête plus encore que vous. Donc, tous ensemble, remercions Dieu, aimons-le et ayons confiance en lui. Je vous bénis, tous et toutes, avec les bienfaiteurs de cette maison, vos chères Petites Sœurs et votre bon aumônier.

En faisant l'historique de cet asile tout à l'heure, il s'est arrêté en l'année 1871 ou 1872 : c'est peut-être parce que s'il avait voulu aller plus loin, il aurait été obligé de parler d'un certain aumônier qui depuis dix-huit ans se consacre à ces vieillards ; il n'a pas d'autre ambition, je le sais, que de continuer longtemps encore son ministère au milieu d'eux. Aussi je lui souhaite qu'un jour également il puisse célébrer le cinquantenaire d'un apostolat fécond et béni de Dieu, dans cette maison.

Le vénéré Cardinal a fini de parler : tous se sont mis à genoux et ont reçu sa bénédiction, et chacun, se communiquant ses heureuses impressions, se dirige vers la chapelle pour la bénédiction du Très Saint Sacrement.

Son Éminence, revenue au parloir, se dispose à donner elle-même ce salut d'action de grâces. Le prince de l'Église, non content d'assister, va pontifier lui-même. Le clergé vient le chercher pour le conduire à la chapelle. L'entrée est impressionnante.

L'autel étincelle de mille feux symétriquement et artistement disposés. La nef et les tribunes sont combles : pas une place inoccupée, bienfaiteurs et vieillards ont tenu à participer à cette suprême action de grâces, à dire encore une fois à Dieu leur joyeuse reconnaissance et leur suprême confiance. Le pontife, revêtu de la chape, la mitre en tête, la crosse à la main, s'avance vers l'autel, bénissant sur son passage, avec une grande dignité, assisté du diacre et du sous-diacre qui relèvent les bords de la chape.

A l'autel, Mgr Odelin assiste au salut ; face au trône, les prêtres sont rangés de chaque côté.

Le Très Saint Sacrement est exposé, et Notre-Seigneur Jésus-Christ, le doux Sauveur de l'humanité, préside en personne cette dernière solennité.

Les chants liturgiques sont exécutés, sinon mieux encore que le matin, du moins avec la même piété, la même perfection. On entend successivement le pieux *Ave verum ;* puis, pour cette suprême action de grâces, on emprunte les paroles mêmes de Marie, le glorieux *Magnificat* retentit à la fois puissant et doux ; ensuite vient la louange à saint Joseph, le *Te Joseph celebrent,* cette hymne bien mesurée et bien accentuée, d'une allure assez vive, revêt un cachet de joyeuse solennité. Nous sommes à la prière pour le Souverain : elle a été empruntée à un antique rituel. Elle commence par un vivat, par une acclamation : « Longue vie à Sa Sainteté Pie X, Souverain Pontife et Pape de l'Église universelle ! »

Elle se continue par une pieuse litanie appelant tour à tour au secours de notre Père commun le Sauveur du monde, la Très Sainte Vierge, saint Pierre et saint Paul.

Elle se termine par la prière habituelle : *Oremus pro Pontifice nostro Pio.* Cette prière, au chant simple, facile, mais si pieux, a été remarquée.

Entre ces différents chants, la voix douce, claire et forte de Son Éminence s'élevait pour supplier le divin Maître, présent sur l'autel, d'écouter ces différentes prières et de leur donner toute leur efficacité. Vient alors le chant suprême de l'adoration : *Tantum ergo Sacramentum.*

Notre-Seigneur Jésus-Christ, descendu de son trône, passe entre les mains de son très haut et très digne représentant et par lui bénit tous ses enfants présents que sa divine charité a réunis en ce jour : divine charité qui a fait goûter à tous en cette fête les joies les plus pures et les plus durables, divine charité qui règne et régnera dans leurs cœurs et sera pour tous le gage assuré des belles et immortelles destinées, suprême objet de tous nos vœux.

A tous les amis et bienfaiteurs de l'asile Paris-Saint-Laurent, longue vie, reconnaissance et gloire éternelle !

652-14

IMPRIMERIE

DES

ORPHELINS-APPRENTIS

D'AUTEUIL

www.ingramcontent.com/pod-product-compliance
Lightning Source LLC
LaVergne TN
LVHW010033230826
846091LV00005B/1673
9782016143971